Sicher ist sicher. Bei aller Sorgfalt, die wir in der Recherche haben walten lassen, können sich Öffnungszeiten auch einmal kurzfristig ändern, oder ein Lokal ist gerade an Ihrem perfekten Basel-Wochenende ausgebucht oder geschlossen. Darum empfehlen wir, grundsätzlich möglichst weit im Voraus zu reservieren. Ein kurzer Anruf genügt, und Sie können sicher sein, zur vereinbarten Zeit einen Platz zu finden.

in Kooperation mit smart-travelling GbR, Berlin
Reihe „Ein perfektes Wochenende in ...“

Idee und Konzept: Nancy Bachmann, Nicola Bramigk
Produktion und Redaktion: Nicola Bramigk
Texte: Sabine Danek
Fotos: Florence Haferl, Seite 73: Restaurant Rubino
Lektorat: Gesina Happe
Gestaltung und Illustration: Rahel Streiff

Projektmanagement: Michaela Adlwart
Litho: Journal Media
Herstellung: Thekla Licht, Hermann Weixler
Druck und Bindung: Kessler Druck + Medien, Bobingen

1. Auflage 2013

ISBN: 978-3-86497-090-0

SMART
TRAVELLING

EIN PERFEKTES WOCHENENDE IN …
BASEL

www.smart-travelling.net

LIEBLINGSADRESSEN IN BASEL

Hotel: Youth Hostel St. Alban
St. Alban-Kirchrain 10, Grossbasel
Tel: 0041 (0)61 2720572
Seite 8

Hotel: Hotel Brasserie Au Violon
Im Lohnhof 4, Grossbasel
Tel: 0041 (0)61 2698711
Seite 14

Hotel: Le Morimont
68480 Oberlarg, Frankreich
Tel: 0033 (0)3 89408892
Seite 22

Restaurant: Bodega zum Strauss
Barfüsserplatz 16, Grossbasel
Tel: 0041 (0)61 2612272
Seite 28

Restaurant: Cantina Primo Piano
Gerbergasse 30, Grossbasel
Tel: 0041 (0)61 2633663
Seite 38

Restaurant: Acqua
Binningerstrasse 14, Grossbasel
Tel: 0041 (0)61 5646666
Seite 46

☞ Weitere Adressen finden Sie unter www.smart-travelling.net

Restaurant: Hasenburg
Schneidergasse 20, Grossbasel
Tel: 0041 (0)61 2613258
Seite 52

Restaurant: Restaurant Kunsthalle
Steinenberg 7, Grossbasel
Tel: 0041 (0)61 2724233
Seite 58

Café: Volkshaus Basel
Rebgasse 12-14, Kleinbasel
Tel: 0041 (0)61 6909310
Seite 66

Bar: eoipso
Dornacherstrasse 192, Gundeldingen
Tel: 0041 (0)61 3331490
Seite 74

Shop: Confiserie Brändli
Barfüsserplatz 20, Grossbasel
Tel: 0041 (0)61 2617033
Seite 80

Gut zu wissen
Tipps, Ausflüge, Spaziergänge
Seite 89

16
28
Zem Hipekratz

KUNSTMETROPOLE AM RHEIN

Schon allein die Lage Basels ist besonders. Es liegt genau dort, wo die Schweiz, Frankreich und Deutschland sich treffen – und das prägt die Stadt. Die Grenzen übertritt der Baseler so selbstverständlich, als wären sie gar nicht da. Schnell mal rüber nach Deutschland, um essen zu gehen oder zum Vitra Design Museum, auf einen Sprung zum Einkaufen nach Frankreich oder ins Elsass zum Schlemmen. Genauso wichtig für das Leben in Basel ist der Rhein, der, rasant strömend, die Stadt in Klein- und in Grossbasel trennt und dessen Ufer sich im Sommer zur „Baseler Riviera" verwandelt, an der man sich in einer Buvette erfrischt, sich an den Rheinhängen sonnt, joggt, unter den Linden Händchen hält oder sich oben am Rhein in die Fluten schmeißt, um ihn in ordentlicher Geschwindigkeit hinunterzutreiben.
Vor allem aber ist Basel die Stadt der Kunst – und der Architektur. Es halten sich Gerüchte, dass, gemessen an der Einwohnerzahl, in Basel die größte Dichte an Museen weltweit herrscht – von der privaten Kunstsammlung Fondation Beyeler zum Museum Jean Tinguely, der Kunsthalle, dem Kunstmuseum bis hin zum Schaulager und dem Haus für elektronische Künste. Nicht wenige davon sind auch architektonische Kunstwerke, gebaut von Renzo Piano, von Mario Botta oder den berühmten Baseler Architekten Herzog & de Meuron. Seit vielen Jahren bauen Jacques Herzog und Pierre de Meuron überall auf der Welt, in Miami Beach, New York, Peking und Tokio, Gebäude, die zu Ikonen werden. Ihr Büro haben sie aber immer noch in Basel, gestalteten dort gerade zum ersten Mal ein Restaurant-Café und bauen einen neuen Firmensitz für Hoffmann-La Roche.

besetzt
occupied

YOUTH HOSTEL ST. ALBAN

Diese Jugendherberge ist weit entfernt von einer tristen Massenunterkunft mit dünnen Wänden und noch dünnerem Hagebuttentee. Das Baseler Architekturbüro Buchner Bründler, das auch den Schweizer Pavillon auf der Weltausstellung in Shanghai entwarf, hat die ehemalige Seidenbandfabrik von 1851 um- und neue Bereiche angebaut – mit einer hölzernen Brücke über den angrenzenden Kanal, mit offenen Räumen mit alten Rundbögen und neuem Sichtbeton. Und nicht nur während der Art Basel hat man hier morgens im Frühstücksraum das Gefühl, in einem Londoner In-Lokal zu sitzen. Abends kann man bis Mitternacht an einer kleinen Bar Drinks bestellen, bis 22 Uhr auch auf der Terrasse am kleinen Kanal sitzen – und das mitten in der Stadt. Selbst der Wohnbereich ist auf den Punkt schick und funktional, mit Aluwaschbecken, Eichenholz, Doppeltüren, die den eventuellen Lärm auf dem Flur abschirmen, und neben den zahlreichen Vier- und Sechsbettzimmern sind die 21 Doppelzimmer ein Highlight. Reservieren Sie eines der Eckzimmer, die vom Boden bis zur Decke verglast sind und Ihnen das Gefühl geben, Sie übernachten mitten im Grün. Das Einzige, was daran erinnert, in einer Jugendherberge zu sein, ist, dass ab 22 Uhr Bettruhe herrscht. In der Lobby mit einem großen Tisch, Lederpolstern, einer Liegewiese und einer kleinen Bücherei mit Romanen und Kunstbüchern gibt es W-Lan. Der Rhein ist nur ein paar Schritte entfernt.

Youth Hostel St. Alban Adresse: St. Alban-Kirchrain 10, Grossbasel, Tram: Hardstrasse Tel: 0041 (0)61 2720572 Internet: www.youthhostel.ch/basel Preise: 6-Bett-Zimmer 38 Euro, 4-Bett-Zimmer 44 Euro, DZ 58 Euro, jeweils pro Person inkl. Frühstück

HOTEL BRASSERIE AU VIOLON

Ein Hauch von Frankreich weht durch dieses Hotel, das durch einen Torbogen abgeschirmt oben über dem Barfüsserplatz liegt: Weiß gedeckte Tische und geflochtene Bistro-Stühle stehen an einem plätschernden Brunnen, und dazu schaut man über die Dächer der Altstadt. Zum Essen kommen auch Nicht-Hotelgäste in die Brasserie, die mittags wechselnde Tagesmenüs wie Lasagne mit Champignonsalat oder gebratene Gambas mit Pastis flambiert serviert – auf der Terrasse oder im lichtdurchfluteten Restaurant mit dunklem Holz und Art-déco-Lampen. Die 20 schlichten Zimmer des Hotels sind sehr begehrt – wegen der moderaten Preise und der zentralen und gleichzeitig lauschigen Lage an der Leonhardskirche. Man muss schon zweimal hinschauen, um zu bemerken, dass das Au Violon kein gewöhnliches Haus ist beziehungsweise war. Denn der Name spielt nicht nur auf das Musikmuseum direkt gegenüber an, sondern auch auf dessen Geschichte. Au Violon heißt übersetzt „ins Gefängnis gehen", und bis 1995 war das Gebäude für diesen Zweck bestimmt. Einzig die seltsam kleinen und schmalen Türen, die in die Zimmer führen, erinnern an deren Vorleben als Gefängniszellen, und mit viel Fantasie sind auch die Zimmer ausgestattet – die ohne Chichi wie Telefon und Fernseher auskommen. Es gibt noch einen besonderen Clou. Entweder läuft man zum Au Violon den Hügel hinauf – oder aber man nimmt den Fahrstuhl am Barfüsserplatz, der direkt in die Hotellobby führt.

Hotel Brasserie Au Violon Adresse: Im Lohnhof 4, Grossbasel, Tram: Theater
Tel: 0041 (0)61 2698711 Internet: www.au-violon.com
Preise: DZ ab 135 Euro, Frühstück 12 Euro

Menu Midi:
SALADE DE CHAMPIGNONS
LASAGNE
SALADE
CHATEAU BATAILLEY
PAUILLAC
GRAND CRU CLASSE

CHAMPAGNE

☞ Der Teufelhof Basel

Der Teufelhof Basel ist Hotel, Restaurant, Theater, Ausstellungshaus – und eine Institution. 1989 wurde er von zwei Betreibern eines Wandertheaters eröffnet und ist beständig gewachsen. Heute gehört auch das Gourmetrestaurant „Bel Etage“ dazu und der Weinladen „Falstaff“. Mit seinen bunten Wänden und dem großen Sonnensegel im Garten ist der Teufelhof immer noch etwas in den Neunzigerjahren verhaftet. Die Zimmer hingegen sind sehr unterschiedlich, manche funktional schlicht, andere wohnlich und individuell. Fragen Sie nach einem Zimmer im persönlicher gestalteten Kunsthotel-Trakt des Teufelhofs.

Adresse: Leonhardsgraben 47-49, Grossbasel, Tram: Steinenschanze
Tel: 0041 (0)61 2611010, Internet: www.teufelhof.com
Preise: DZ ab 145 Euro inkl. Frühstück

TEUFELHOF
DER
TEUFELHOF
BASEL
Der Wein- und
Spezialitätenladen

Auberge du Morimont
AUBERGE du MORIMONT

LE MORIMONT

In Basel ist man Länder-Hopping gewohnt. Nur 40 Kilometer entfernt von dort, im Elsass, liegt dieses kleine Hotel mitten im Grünen. Überquert man die Grenze nach Frankreich, sieht man plötzlich Rehe am Straßenrand stehen, Füchse durch die Wälder huschen – und lässt die Stadt gefühlsmäßig weit hinter sich. Erst recht, wenn man nach ungefähr 40 Minuten im Le Morimont angekommen ist, einem ehemaligen Gehöft aus dem 17. Jahrhundert, das eine der Besitzerinnen, die Architektin ist, behutsam renovierte. Die Naturwände sind mit Sand verputzt, die Holzstiegen aufwendig restauriert, die Zimmer, die über mehrere Gebäude verteilt sind, mit antiken Holzbetten, wehenden Vorhängen und Glaslampen eingerichtet, die charmant über den Nachttischen baumeln. Und schaut man aus dem Fenster, sieht man nichts als üppiges Grün, hört den Brunnen plätschern und Tierglöckchen bimmeln. Und das ist es dann auch schon. Denn im Morimont legt man großen Wert auf Ruhe. Statt Musik ist Vogelgezwitscher zu hören, und abends werden einfache, elsässische Spezialitäten wie Flammkuchen, Tarte, Käse oder Salat serviert, die ohne großen Aufwand zubereitet werden können, damit kein Lärm und kein zu großer Trubel in der Küche entstehen. An warmen Tagen kann man auf der Terrasse essen, abends dort noch einen Rotwein trinken. Vom Le Morimont führen mehrere Wanderwege mitten in die leicht hügelige Landschaft hinein – und will man doch mal etwas Trubel, hat Sebastian, der sich um alles kümmert, ein paar Tipps für Restaurants in der Nähe parat.

Le Morimont Adresse: 68480 Oberlarg, Frankreich
Tel: 0033 (0)3 89408892 Internet: www.le-morimont.com
Preise: DZ ab 80 Euro inkl. Frühstück

BODEGA ZUM STRAUSS

BODEGA ZUM STRAUSS

In dieser Baseler Institution geht es ziemlich unschweizerisch temperamentvoll zu. Das Team ist international, die meisten sind schon über 20 Jahre dabei – und dennoch von Routine keine Spur. Lächelnd versorgt Victoria einen mit den Empfehlungen des Tages, zu denen Hausklassiker wie Osso buco di vitello alla milanese und Penne con sugo di merguez gehören. Denn trotz des spanischen Namens und wie die Leuchtreklame „Vita italiana" über der Bar besagt, wird hier vor allem italienisch gekocht, und zwar ganz so, wie Großmütter das tun. Das Tagesmenü kostet gerade mal 19 Franken, die Weinkarte ist groß, und wie es sich in einer Bodega gehört, sind Stühle und Bänke, auf denen man es sich gemütlich machen kann, dicht an dicht gereiht – genauso wie die Kunst, die an den Wänden hängt. Bilder von Keith Haring sind dabei, Zeichnungen, Malereien, und vor dieser Kulisse schwirren angeregte Gespräche durch die Luft. Dass Jonathan Freeman, dem die Bodega seit über zwei Jahrzehnten gehört, ein passionierter Kunstsammler ist, sieht man auch im ruhigeren zweiten Stock. Ein wenig fühlt es sich beim Straussen wie in der Berliner Paris Bar an, wo Kunstszene, Business und hier noch das Personal des nahe gelegenen Theaters Basel aufeinandertreffen. Ein paar kleine Tische stehen auch vor der Bodega. Doch man sollte sich die Atmosphäre innen nicht entgehen lassen – gekrönt vom Zahlungsritual, bei dem Victoria die Rechnung auf der weißen Papiertischdecke notiert und strahlend präsentiert.

Bodega zum Strauss Adresse: Barfüsserplatz 16, Grossbasel, Tram: Barfüsserplatz Tel: 0041 (0)61 2612272 Öffnungszeiten: Montag – Samstag 12.00 – 14.00 Uhr und 18.00 – 24.00 Uhr, Sonntag 18.00 – 24.00 Uhr

LAMMHAXE, TABOULÉ 25
FUSILLI DIAVOLO 17
WURST-KÄSESALAT 17
PETTO DI POLLO TONNATO, MISTA 18
PENNE SUGO DI MERGUEZ 18
SIEDFLEISCH VINAIGRETTE
KARTOFFELSALAT 22
PICCATA DI VITELLO
SPAGHETTI POMODORO 26

Penne Sugo di Merguez

Für 4 Personen

Pelle der Merguez abziehen und gegebenenfalls zerkleinern.
Olivenöl in der Pfanne erhitzen, die gehackten Zwiebeln dazugeben und alles zusammen anbraten. Harissa-Paste und das Tomatenmark dazugeben und anschließend mit Rotwein ablöschen.
Alles zusammen ein paar Minuten köcheln lassen.
Die geschälten Tomaten dazugeben.
Das Ganze eine Zeitlang mindestens eine Stunde bei niedriger Temperatur köcheln lassen – je länger, desto aromatischer wird das Sugo. Anschließend salzen und pfeffern.

Mit der gekochten Penne vermischt servieren.

500 g Merguez
4 EL Olivenöl
1 gehackte Zwiebel
je 1 EL Harissa-Paste und Tomatenmark
100 ml Rotwein
ca. 200 g geschälte Tomaten
Salz und Pfeffer
600 g Penne

MANGER BOIRE
BIRAME BLEIBT
präsentiert:
Sa, 23. Juni 2012
STILLER HAS
SUD | BURGWEG 7 | BASEL

☞ Manger & Boire

Direkt um die Ecke der Bodega zum Strauss liegt dieses unprätentiöse Restaurant, das für seine Nudelgerichte mit frischen Zutaten beliebt ist – und für seine beiden Abendmenüs, die mit 24 Franken für Baseler Verhältnisse durchaus günstig sind. Zum Beispiel Lasagne oder Polenta mit Ratatouille – und das in einer Menge, die schwer zu schaffen ist. Setzen Sie sich am besten nach draußen oder gehen Sie statt ins Parterre mit der Bar in den ruhigeren und rauchfreien ersten Stock, in dem das Sääli im schönsten französischen Stil mit Bistrostühlen, weißen holzvertäfelten Wänden und Blick auf die Gasse liegt.

Adresse: Gerbergasse 81, Grossbasel,Tram: Barfüsserplatz
Tel: 0041 (0)61 2623160, Internet: www.mangerboire.ch
Öffnungszeiten: Montag – Donnerstag und Sonntag 10.00 – 24.00 Uhr,
Freitag und Samstag 10.00 – 1.00 Uhr

cantina primo piano

CANTINA PRIMO PIANO

Der Herr im Anzug überholt uns mit flottem Schritt auf der altehrwürdigen Treppe, die in den ersten Stock in das Unternehmen Mitte führt, eine Baseler Café-Institution – und ins Mittags-Restaurant Primo Piano. Fein säuberlich hängt er seine Jacke an die Kleiderstange, streicht seine Krawatte glatt und geht geradewegs zur Anrichte an der offenen Küche, wo man das Menü des Tages bestellt, sich Besteck und Wasser aus der Karaffe nimmt und sich dann an einen der Holztische in dem schönen, glutrot gestrichenen Saal setzt. Für 17 Franken gibt es pro Tag jeweils ein Menü, mit einem Salat, den man an einem alten Büfett und im kommunikativen Miteinander mit Essig und Öl anrichtet und sich ein paar Scheiben Brot dazu nimmt. Hier sitzt man unter Baselern – dem Sohn, der seine Mutter in der Mittagspause trifft, und Freundinnen, die sich zum Lunchen verabredet haben. Der Hauptgang, bei dem sich Pasta und Risotto die Woche über abwechseln, wird an den Tisch gebracht. Die Gerichte, die die italienisch-bolivianische Köchin Deiza Gilardi Tag für Tag zubereitet, sind einfach: Risotto al finocchio e pera, Penne an Linsen-Karottensauce oder Risotto con funghi champignon – aber gegessen wird mit Stil und in angeregter Atmosphäre. Wenn die Cantina sich füllt, und das passiert jeden Mittag, wird ein weiterer Saal geöffnet. Geschlossen wird, wenn die Töpfe leer sind, und deshalb sollte man nicht allzu spät kommen.

Cantina Primo Piano Adresse: Gerbergasse 30, Grossbasel,
Tram: Marktplatz Tel: 0041 (0)61 2633663 Internet: www.mitte.ch
Öffnungszeiten: Montag – Freitag 12.00 – 14.00 Uhr bzw. so lange, wie der Vorrat reicht

cantina primo piano
cucina italiana
toque latino ...
es ist selbstbedienung, daher:
1. bezahlen sie in der küche für essen und getränke.
2. nehmen sie sich besteck, brot, wasser und den salat und begeben sie sich an ihren platz.
3. der hauptgang wird ihnen an ihren platz serviert!
4. tragen sie nach beenden der mahlzeit bitte alles zurück zur geschirrablage.
Buon Appetito
wir danken für ihre mithilfe und wünschen
Cuoca: Delza Gilardi

☞ Unternehmen Mitte

Im ehemaligen Hauptsitz der Schweizerischen Volksbank trinken heute Kreative ihren Kaffee, stillen Mütter ihre Babys, brüten Studenten über ihren Laptops und nehmen Shopper einen Espresso zwischendurch. Und das in hochherrschaftlicher, lässiger Atmosphäre, umgeben von Marmor, unter hohen Decken und Fünfzigerjahre-Strahlenleuchtern. Dazu gibt es Kunst und Kultur, Yoga im ehemaligen Tresorraum und Drinks an der Bar „fumare non fumare“. Es stehen außerdem Sandwiches und kleine Snacks auf der Karte, die man drinnen oder auf bunten Metallstühlen in der Gerbergasse essen kann.

Adresse: Gerbergasse 30, Grossbasel, Tram: Marktplatz
Tel: 0041 (0)61 2633663, Internet: www.mitte.ch, Öffnungszeiten: Montag – Donnerstag 8.00 – 24.00 Uhr, Freitag 8.00 – 1.30 Uhr, Samstag 9.00 – 1.30 Uhr, Sonntag 10.00 – 24.00 Uhr

ACQUA

ACQUA

„L'appetito è per lo stomaco quello che l'amore è per il cuore": „Der Appetit ist für den Magen, was die Liebe für das Herz ist", leuchtet in großen Neonlettern an der Wand des Acqua – und Punkt zwölf Uhr mittags folgt ein unablässiger Strom von Gästen dieser Weisheit. In dem ehemaligen Wasserwerk am Nachtigallenwäldeli steht dann schon Wasser und Rotwein auf den Tischen, denn sie gehören zu dem Mittagsmenü, das dort täglich frisch serviert wird. Dabei kommt Risotto mit Waldpilzen oder mit Rucola auf den Tisch oder Lasagne, immer ein Salat und alles das für 25 Franken. Das Silberbesteck ist auf großen Schrauben abgelegt und auch sonst mischt sich, unter großen, aufgehängten Ästen mit Lichterketten, italienische Grandezza mit Industriecharme. Die Wände sind aus Waschbeton, Tische und Stühle geschweißt, überall stehen üppige Blumensträuße – und dazu brennen Kerzen. In der offenen Küche baumelt ein Kronleuchter aus Kellen, Abtropfsieben und Reiben über der trubeligen Atmosphäre. Hier sitzen Sie definitiv unter Baselern, viele arbeiten in den benachbarten Chemiekonzernen, die meisten sind Stammgäste, und unter der Woche sollten Sie deshalb auf jeden Fall reservieren. Bei schönem Wetter kann man im Grünen draußen sitzen – und von dort aus in die Beachcafés weiterziehen, die direkt nebenan liegen, oder in den legendären Club Kuppel.

Acqua Adresse: Binningerstrasse 14, Grossbasel, Tram: Markthalle
Tel: 0041 (0)61 5646666 Internet: www.acquabasilea.ch
Öffnungszeiten: Dienstag – Freitag 12.00 – 14.00 Uhr und 19.00 – 24.00 Uhr, Samstag 19.00 – 24.00 Uhr, Bar und Lounge sind Donnerstag – Samstag bis 2.00 Uhr geöffnet

HASENBURG
CHATEAU LA

HASENBURG

Im Château Lapin, der wunderbar urigen Hasenburg in Basels Altstadt, dreht sich alles um die Rösti. Im ersten Stock des Traditionsrestaurants, in dem es etwas edler zugeht, wird sie als Beilage zu Klassikern wie Zürcher Geschnetzeltes serviert, im gemütlichen und unprätentiöseren Parterre spielt sie die unangefochtene Hauptrolle. Und dort sollten Sie auf jeden Fall Platz nehmen und die Rindsläberli mit Rösti bestellen. Die Leber ist auf den Punkt gebraten, zart und saftig, die Rösti eine gute Kombination aus weichem Innenleben und zartbraunem Außen. Dazu trinkt man am besten ganz standesgemäß ein Hefeweizen „Weißer Hase“, und der Abend ist perfekt. Wer es vegetarisch möchte, ordert die – allerdings doppelt gehaltvolle – Käserösti. Es steht auch eine Auswahl an Salaten auf der Karte. Aber wirklich „leicht“ ist nichts in der Hasenburg und das soll auch so sein, die Portionen sind enorm und die Rösti ordentlich deftig. Das Ensemble des Theaters Basel ist dort ebenso zu finden wie deren Zuschauer, die vor einer Premiere schon mal in Abendrobe vorbeischauen, dazu Baseler Urgesteine, Kollegen nach der Arbeit – die Mischung ist entspannend bunt. Draußen stehen auch ein paar Tische vor dem mittelalterlich schmalen Gebäude. Doch am schönsten ist es in der guten Stube mit allerlei Bildern an den Wänden, und dort ist meist auch jeder Tisch besetzt. Es lohnt sich, zu den Hauptzeiten zu reservieren.

Hasenburg Adresse: Schneidergasse 20, Grossbasel, Tram: Marktplatz
Tel: 0041 (0)61 2613258 Öffnungszeiten: Montag–Samstag 10.00–23.00 Uhr,
1. Stock: Montag–Samstag 11.30–14.30 Uhr und 18.00–23.00 Uhr,
Sonntag geschlossen

CAFE de la TOUR

RESTAURANT KUNSTHALLE

Seit mehr als 100 Jahren ist das Restaurant Kunsthalle „the place to be“ in Basel. Unter den imponierenden Wandgemälden aus dem 19. Jahrhundert, vielen Kronleuchtern und einer wunderschön gewölbten Decke treffen sich seit jeher alteingesessene Baseler, Regisseure und Schauspieler des nebenan liegenden Theaters, Künstler, Bankiers – und zur Art Basel ein internationales Galeristen- und Kunstpublikum. Dann sind alle Tische dicht an dicht besetzt. Ob im gediegenen „weißen“ Teil, wie er genannt und wo gehobene Küche wie Rib Eye Steak oder Loup de Mer serviert wird, an den Holztischen im „Schluuch“, dem Brasserie-Teil, oder im Garten unter riesigen Kastanien und an weiß gedeckten Gartentischen. Im Winter steht hier das Fonduestübli, in dem die Käse-Hausmischung samt Variationen geschmolzen wird. Immer wieder gibt es unter den Baselern leidenschaftliche Diskussionen, ob das Restaurant nach dem Besitzerwechsel seinem Ruf noch gerecht wird, ob Stammgäste in letzter Zeit fernbleiben – und am Ende schwärmen sie doch wieder voller Stolz von ihrer hochherrschaftlichen Institution ...
Nehmen Sie am besten im unprätentiöseren „Schluuch“, dem „braunen“ Teil, Platz. Zu den Klassikern dort zählen der Fleischkäse mit Kartoffelsalat und die Kalbsbratwurst. Oder setzen Sie sich bei schönem Wetter in den Garten, der direkt neben dem berühmten Tinguely-Brunnen liegt, dort treffen Sie „tout Bâle“.

Restaurant Kunsthalle Adresse: Steinenberg 7, Grossbasel, Tram: Bankverein
Tel: 0041 (0)61 2724233 Internet: www.restaurant-kunsthalle.ch
Öffnungszeiten: Montag–Sonntag 11.30–23.30 Uhr

☞ Campari Bar

Zum Restaurant Kunsthalle gehört die Campari Bar, bei deren Old-School-Glamour man das Gefühl hat, jederzeit könnte „007" Sean Connery mit einem Martini in der Hand um die Ecke biegen. Gedämpftes Licht, opulente Blumenbouquets und ein prächtiger Art-Nouveau-Kronleuchter aus venezianischem Glas verströmen italienischen Stil, bei dem sich Grandezza mit Sechzigerjahre-Neon- und Italopop-Charme vermischen. Der Fußboden ist ein Trompe-l'œil-Kunstwerk, bei dem es nicht an den Drinks liegt, dass Sie plötzlich 3-D sehen. Ab dem frühen Abend steht man lässig an der Bar, sitzt an einem der kleinen Cocktail-Tischchen oder zieht sich entre nous ins Separee zurück.

Adresse: Steinenberg 7, Grossbasel, Tram: Bankverein, Tel: 0041 (0)61 2724233
Internet: www.restaurant-kunsthalle.ch, Öffnungszeiten: Montag – Donnerstag 17.30 – 24.00 Uhr, Freitag und Samstag 17.30 – 1.00 Uhr, Sonntag geschlossen

VOLKSHAUS BASEL

Der spektakulärste Neuzugang schließt eine Lücke in Basels Szene. Das Volkshaus von vier Partnern geführt, zu denen Leopold Weinberg vom legendären Zürcher Helvetia gehört, ist Café, Brasserie, Biergarten und Stätte für Kultur und bietet entspannten coolen Schick. Es ist das erste Gastronomie-Konzept, das die Star-Architekten Herzog & de Meuron gestaltet haben – und dabei setzten sie auf eine Nicht-Farbe und auf die Unendlichkeit. Komplett schwarz gestrichen ist die Bar No1, mit runden Tischen, einer lang gezogenen Theke und kleinen Separees. Morgens kann man sich zum Kaffee ein Croissant servieren lassen, später lunchen und abends seinen Cocktail nehmen. Durch die Bar No1 hindurch geht es in die Brasserie, in der die Tische weiß eingedeckt sind, große Glühbirnen von der Decke hängen – und in einer Spiegelwand ins Unendliche wiederholt werden. Im Volkshaus, dessen Geschichte sich bis ins 14. Jahrhundert zurückverfolgen lässt, geht es heute weit edler zu als einst, aber auch ganz unaufgeregt. Auf der Karte steht Steak-Frites, das Fleisch kommt von regionalen Metzgereien, und es wird saisonal gekocht. Der Klassiker: Hackbraten, der perfekt würzig ist, ein Highlight: die Crème brûlée mit Ingwer und Zitronengras. An warmen Tagen kann man noch in den Biergarten im Hof weiterziehen, es gibt Konzerte, eine Bibliothek ist im Aufbau – und ab 2015 kann man dann im Volkshaus-eigenen Hotel übernachten.

Volkshaus Basel Adresse: Rebgasse 12-14, Kleinbasel, Tram: Claraplatz
Tel: 0041 (0)61 6909310 Internet: www.volkshaus-basel.ch
Öffnungszeiten: Montag – Donnerstag 8.00 – 1.00 Uhr, Freitag und Samstag 8.00 – 2.00 Uhr, Sonntag geschlossen

☞ Rubino

Das Erste, das im Rubino auffällt, ist die große, knallrote Designlampe, die über dem hellen, schlichten Ambiente strahlt, das Zweite ist die saisonale, nachhaltige Küche. Beat Rubitschung, der vor einigen Jahren aus der Informatikbranche ins Restaurantbusiness wechselte, setzt auf Gemüse vom Biobauernhof, Fleisch aus einer Metzgerei im nahe gelegenen Arlesheim, auf zertifizierten Fisch, und dazu gibt es handverlesene Weine zu angemessenen Preisen. Herrlich frisch: der Cuvée Schwarz Weiss. Eine große Fangemeinde schwört auf die täglich wechselnde Karte, zu der Mittelmeergerichte ebenso gehören wie Schweizer Küche. Besonders zu empfehlen: das Dreigängemenü Surprise, bei dem man zwischen Fleisch-, Fisch- und vegetarischen Gerichten wählen kann.

Adresse: Luftgässlein 1, Grossbasel, Tram: Kunstmuseum
Tel: 0041 (0)61 3337770, Internet: www.rubino-basel.ch
Öffnungszeiten: Montag – Samstag 11.30 – 14.30 Uhr und
18.00 – 24.00 Uhr, Sonntag geschlossen

eoipso

EOIPSO

Die Größe ist wirklich beeindruckend: In einer Halle, in der ab 1894 Kompressoren gebaut wurden, ist seit 2001 das eoipso, Restaurant samt Bar und Lounge, und an Wänden und Decken kann man noch die ehemaligen Werkstüren und gigantischen Laufschienen sehen. Am Morgen springen hier durchaus mal die Kinder der nahe gelegen Kita herum, mittags wird an den Vintage-Tischen ein Menü serviert, und abends trifft man sich zum Dinner – und auf ein paar Drinks. Die nimmt man entweder draußen in Lounge-Chairs, an der langen Bar oder in den Ledersofas gegenüber – Platz gibt es im eoipso genug. So viel, dass dort gelegentlich auch Bands auftreten oder ein DJ auflegt. Alles jedoch ganz unaufgeregt und herrlich entspannt. Probieren Sie auf jeden Fall den Hausklassiker eo sour mit Belvedere- und Birnenwodka, Sweet-And-Sour-Mix und etwas Apfelsaft. Wenn er gerade nicht auf der wechselnden Karte steht, fragen Sie danach. So machen es die Stammgäste auch. Der Pisco Sour kommt mit zartem rosa Zuckerrand, der Gin Tonic mit Bombay Sapphire, und mittlerweile gibt es auch ein paar Bio-Cocktails auf der Karte – mit Bio-Zucker, Bio-Zitronen und Bio-Orangensaft. Auch eine Auswahl an Snacks und Tapas werden an der Bar serviert. Am beliebtesten ist dabei der Monatsburger mit Rind- oder Geflügelfleisch oder die heiß begehrte Variante mit Lammfleisch.

eoipso Adresse: Dornacherstrasse 192, Gundeldingen, Tram: Tellplatz Tel: 0041 (0) 61 3331490 Internet: www.eoipso.ch Öffnungszeiten: Montag 11.00–24.00 Uhr (kein Abendessen), Dienstag–Donnerstag 11.00–1.00 Uhr, Freitag 11.00 Uhr–2.00 Uhr, Samstag 17.00–2.00 Uhr, Küche 11.45–13.45 Uhr und 19.00–21.30 Uhr, Cocktails ab 17.00 Uhr, Tapas 17.30–22.00 Uhr

db
4cl

SEIT 1935
echte
Basler
Leckerli

CONFISERIE BRÄNDLI

Basler Leckerli ist die Süßigkeit der Stadt: eine lebkuchenartige Spezialität, bei der Honig, kandierte Früchte, Mandeln und Nüsse aufeinandertreffen. Und die Confiserie Brändli hat beim Wettbewerb um das beste Leckerli zuletzt den ersten Platz gemacht. Dennoch gibt man sich in der 75 Jahre alten Confiserie bescheiden. „Das ist doch Geschmackssache", wiegelt der Inhaber Michael Grogg ab, „wir hatten vielleicht einfach etwas mehr Honig in der Masse." Doch die Leckerli sind einfach köstlich – wie auch der Rest der handgemachten süßen Sachen, die in alten Vitrinen in dem kleinen Laden liegen: die Hausspezialität Baserdybli, Schokotäfelchen in Hell und Dunkel, Kirschstängeli, Schokoladen-Mandeln oder Liqueur-Pralinés, schlicht und traditionell in mattem Silberpapier von Hand abgepackt. Man weiß gar nicht, wo man anfangen soll zu probieren, erst recht, da jeden Monat eine spezielle neue Kreation hinzukommt wie das Himbeer-Holunder-Praliné mit dunkler Truffe-Füllung und herrlich sattem Geschmack. Seit 24 Jahren stellen Michael Grogg und seine Mitarbeiter sie täglich frisch her, in einer kleinen Wohnstraße und hinter unauffälliger Fassade. Die Rohstoffe, die sie verarbeiten, kommen aus der Region, viele Zutaten von kleinen Produzenten. Die Sauerkirschen werden nur 15 Kilometer entfernt geerntet, und die Kirschstängeli sind mit echtem Baseler Bitterkirsch, 42 Prozent stark, gefüllt. Köstlich!

Confiserie Brändli Adresse: Barfüsserplatz 20, Grossbasel,
Tram: Barfüsserplatz Tel: 0041 (0)61 2617033
Internet: www.braendli-basel.ch Öffnungszeiten: Montag 10.00–18.30 Uhr,
Dienstag–Freitag 9.00–18.30 Uhr, Samstag 9.00–17.00 Uhr

Ein Gespräch mit Michael Grogg

Geschäftsführender Inhaber der Confiserie Brändli

Ihre Pralinen sehen köstlich aus. Sind sie wirklich alle handgemacht?

Ja, und das täglich frisch. Auch unsere Grundschokolade stellen wir selber her. Wir arbeiten nach traditionellen Rezepturen, produzieren die Praliné-Rohlinge von Hand und beherrschen zudem die hohe Kunst des Praliné-Gießens.

Neben den köstlichen Leckerli und der neuen Kreation Himbeer-Holunder, die wir probiert haben, sind auch die Orangina besonders köstlich.
Was ist deren Geheimnis?

Vielleicht die Kombination. Es ist unser Hauskonfekt, so groß wie eine kleine Patisserie, besteht unten aus Mürbeteig, oben aus Eiweiß und Mandeln und dazwischen ist es mit Orangencreme gefüllt. Böderli und Deckerli werden von Hand ausgestochen, das Konfekt von Hand gefüllt.

Sie führen Brändli seit 24 Jahren, stehen jeden Tag in der Produktion.
Worauf sind Sie am meisten stolz?

Auf die traditionellen, handgefertigten Pralinés. Viele füllen mittlerweile einfach nur den fertigen Körper, wir machen das ganze Praliné selbst.

Und produzieren so circa zwei Millionen pro Jahr und etwa eine Million Schokoladen-Mandeln.

... und verbrauchen dabei ungefähr 20 000 Eier und mehr als 3000 Kilo Butter.

Haben Sie bei dieser großen Auswahl ein persönliches Lieblingskonfekt?

Eindeutig die Schokoladen-Mandeln. Das sind karamellisierte Mandeln mit Schokolade und mit Kakao überzogen, die nehme ich sogar in den Urlaub mit.

Lüchinger + Schmid AG

SMART TRAVELLING

GUT ZU WISSEN

Basel ist groß – darum ist dieser Infoteil so klein. Hier erfahren Sie nicht alles und jedes, sondern genau das, was Sie für ein perfektes Wochenende brauchen. Wenige, aber genau die richtigen Informationen: Wissenswertes über die Baseler Lebensart, eine kleine subjektive Auswahl an Sehenswürdigkeiten, Spaziergängen und Tipps für Ausflüge. Dazu einen Stadtplan mit all unseren Lieblingsadressen, damit Sie nicht lange suchen müssen, sondern gleich anfangen können, Basel zu genießen.

MUSEEN

Basel ist eine Stadt der Kunst und das nicht nur wegen der Art Basel, der wichtigsten Kunstmesse der Welt. Es gibt zahlreiche öffentliche Sammlungen, die Museumslandschaft ist beeindruckend – und darüber hinaus liegt, ganz einfach mit dem Bus zu erreichen, auch noch das Vitra Design Museum im benachbarten deutschen Weil am Rhein.

Fondation Beyeler

Für einen Besuch in dem Stiftungs-Museum der Baseler Galeristen Hildy und Ernst Beyeler sollte man sich etwas Zeit nehmen. Nicht nur für die aufsehenerregenden wechselnden Ausstellungen von Jeff Koons, Basquiat oder Louise Bourgeoise, sondern auch für die Sammlung der klassischen Moderne mit Arbeiten von Alberto Giacometti, Jackson Pollock, Claude Monet, Pablo Picasso und vielen anderen großen Künstlern, die das Ehepaar Beyeler in seiner 50-jährigen Galeristen-Tätigkeit zusammentrug. Zu sehen sind sie in einem eleganten und lichtdurchfluteten Pavillon des italienischen Star-Architekten Renzo Piano, der auch das Centre Pompidou in Paris baute.

Für das malerische Gelände im Baseler Vorort Riehen samt der Villa Berower Gut entwarf Piano einen Bau, in dem die Kunst mit der umgebenden Natur korrespondiert. Riesige Glasfronten lassen Innen und Außen ineinander übergehen, man kann sich wunderbar in den Gemälden verlieren, in einem Wintergarten in die Polster von aufgereihten Sofas sinken und dazu in Kunstbänden blättern – mit Blick auf die Auen, auf Apfelbäume und weidende Kühe. Im Skulpturenpark schlendert man an Plastiken von Alexander Calder, Ellsworth Kelly und den Architekten Herzog & de Meuron vorbei, auf der Wiese vor dem Museum kann man im Gras dem Plätschern des von Renzo Piano entworfenen Wasserbassins lauschen.

Gerade mal 20 Minuten sind es mit der Tram vom Zentrum Basels nach Riehen – und in eines der schönsten Museen Europas. Und wollen Sie noch etwas länger bleiben, können Sie im Restaurant Berower Park, das zur Fondation gehört, einkehren.

Baselstrasse 101, 4125 Riehen
Tram: Fondation Beyeler
Tel: 0041 (0)61 6459700
www.fondationbeyeler.ch
Donnerstag–Dienstag
10.00–18.00 Uhr,
Mittwoch 10.00–20.00 Uhr

Kunsthalle Basel

Das Geld kam einst von dem Betrieb einer Rheinfähre. Die Baseler Künstlergesellschaft nutzte die Erträge, um den Bau der Kunsthalle zu finanzieren – und 1869 wurde der Grundstein für das Gebäude gelegt, das der erfolgreiche Baseler Architekt Johann Jakob Stehlin plante. Das einstige Vereinslokal der Künstlergesellschaft ist heute das berühmte Restaurant Kunsthalle (siehe Seite 58).

In dem imposanten Bau Stehlins, der 2004 von den Architekten Miller & Maranta aktuellen Bedürfnissen angepasst wurde, sind wechselnde Ausstellungen zeitgenössischer Kunst zu sehen – und das Haus ist offen für Experimente. Die Libanesin Mona Hatoum ordnete dort auf 200 Quadratmetern Parkettboden in Form einer Weltkarte Glasmurmeln an, die immer wieder auseinanderzurollen drohten. Der Italiener Micol Assaël setzte die Besucher unter Strom, und Kunststar Cyprian Galliard blätterte dort seine „Geographical Analogies“ auf, die unter anderem aus 100 Schaukästen mit Polaroids von modernen und historischen Gebäuden und Orten bestehen. Spezialisiert auf internationale Arbeiten, hochaktuell und ganz am Puls der Zeit, ist die Kunsthalle international renommiert und ebenso bekannt für ihr engagiertes Vermittlungsprogramm, zu dem Lesungen, Diskussionen, Ausstellungen von Hochschul-Nachwuchs und Plattformen aktueller Kunst gehören.

Steinenberg 7, Grossbasel
Tram: Barfüsserplatz
Tel: 0041 (0)61 2069900
www.kunsthallebasel.ch
Dienstag, Mittwoch und Freitag 11.00–18.00 Uhr, Donnerstag 11.00–20.30 Uhr, Samstag und Sonntag 11.00–17.00 Uhr, Montag geschlossen

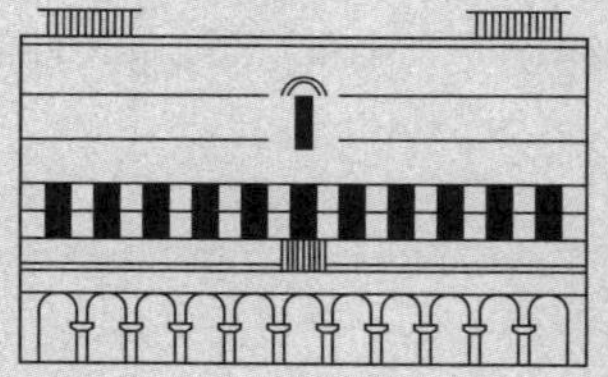

Kunstmuseum Basel

Man betritt das Kunstmuseum über einen imposanten Innenhof – und genauso beeindruckend wie das Entree ist auch die Sammlung. Als erstes bürgerliches Museum weltweit wurde es 1661 von der Stadt gekauft und der Öffentlichkeit zugänglich gemacht, es besitzt eine große Kollektion von Malerei und Zeichnungen oberrheinischer Künstler von 1400 bis 1600, darunter Lucas Cranach d. Ä. und die weltgrößte Sammlung von Werken der Holbein-Familie. Aber auch die Kunst des 19. bis 21. Jahrhunderts ist vertreten, von Edgar Degas, Pablo Picasso, Fernand Léger, Wassily Kandinsky, Ernst Ludwig Kirchner bis hin zu Silvia Bächli, John Baldessari, Stephan Balkenhol, Ólafur Eliasson oder Bernd und Hilla Becher. Das Kunstmuseum gilt als eines der wichtigsten der Schweiz, ist international hoch angesehen und hat wechselnde Sonderausstellungen, die quer durch alle Kunst-Genres führen. Außerdem ehrt es den berühmten Baseler Symbolisten Arnold Böcklin (1827–1901), der mit der akademischen Malerei und dem Naturalismus brach. Im Kupferstichkabinett befinden sich bedeutende Handzeichnungen, Aquarelle und Druckgrafiken. Keine zehn Minuten zu Fuß entfernt liegt das Museum für Gegenwartskunst, das ebenfalls zum Kunstmuseum gehört.

St. Alban-Graben 16, Grossbasel
Tram: Kunstmuseum
Tel: 0041 (0)61 2066262
www.kunstmuseumbasel.ch
Dienstag–Sonntag 10.00–18.00 Uhr,
Montag geschlossen

Museum für Gegenwartskunst

Der Glasstahlbau der Architekten Katharina und Wilfrid Steib von 1980 war seinerzeit das erste Museum, das sich ausschließlich der Kunst nach 1960 widmet. Ermöglicht hat es, wie vieles im kunstbeflissenen Basel, die großzügige Unterstützung von Mäzenen. Die Christoph-Merian-Stiftung stellte den Grund, die damals 80-jährige Hoffmann-La-Roche-Erbin Maja Sacher finanzierte den Bau. Im April 2012 wurde eine neue Sammlungspräsentation, zu der 1980er-Werke von Georg Baselitz, Günther Förg, Sherrie Levine und auch Fischli/Weiss gehören, vorgestellt. Dazu finden wechselnde Ausstellungen statt, es werden Installationen und Videos gezeigt.

St. Alban-Rheinweg 60, Grossbasel
Tram: Kunstmuseum
Tel: 0041 (0)61 2066262
www.kunstmuseumbasel.ch
Dienstag–Sonntag 10.00–18.00 Uhr,
Montag geschlossen

Museum Tinguely

Einer der großen Söhne der Stadt, obwohl in Freiburg geboren und später nach Paris umgezogen, ist Jean Tinguely (1925–1991). In Basel wuchs er auf, ging dort zur Schule, ließ sich zum Dekorateur ausbilden, besuchte die Gewerbeschule – und in Basel ist ein Großteil seiner Werke ausgestellt: kinetische Skulpturen, die ein surrendes, klapperndes und quietschendes Eigenleben führen, die heiter, verspielt, melancholisch, ironisch und abgründig sind und mit den Besuchern eine lautstarke Unterhaltung führen. Zahlreiche Arbeiten wurden dem Museum zu dessen Gründung von Tinguelys Witwe Niki de Saint Phalle geschenkt, es gibt Zeichnungen, Dokumente und Fotografien, und immer wieder sind auch Ausstellungen anderer kinetischer Künstler zu sehen. Und so spektakulär wie sein Innenleben ist der Museumsbau selbst. Mario Botta hat ein lichtdurchflutetes, kurviges Gebäude aus rosa leuchtendem Stein entworfen, das in den Hang eingebettet ist und direkt am Rheinufer im Solitude-Park liegt.

Paul Sacher-Anlage 2, Kleinbasel
Bus: Tinguely Museum
Tel: 0041 (0)61 6819320
www.tinguely.ch
Dienstag – Sonntag 11.00 – 18.00 Uhr,
Montag geschlossen

Basler Papiermühle

Hier klappert die Mühle am rauschenden Bach ... Mitten in St. Alban und ein paar Schritte vom Rhein entfernt, sind in diesem Museum für Papier, Schrift und Druck nicht nur Ausstellungen über die Handwerkskunst und die Geschichte des Papierschöpfens, der Typografie und Druckkunst zu sehen, es wird dort auch noch gearbeitet. An historischen Druckmaschinen werden ganze Bücher gedruckt, und Papier wird handgeschöpft. Schon 1453 wurde in der Papiermühle Papier hergestellt, jetzt lässt eine Ausstellung die Geschichte der Schrift Revue passieren, es ist eine Nachbildung der legendären Buchdruckpresse zu sehen, wie Johannes Gutenberg sie benutzte – und man kann selbst in Aktion treten, mit der Hand Texte setzen, Papier schöpfen und mit Tinte und Federkiel schreiben. Möchte man handgeschöpftes buntes Papier selbst herstellen, kann man das jeweils dienstags bis freitags von 13 bis 16.30 Uhr. Darüber hinaus ist ein Besuch im Restaurant und Café Papiermühle sehr nett, es gibt einen Mittagstisch, selbst gemachte Sandwiches und hausgemachte Kuchen – bei schönem Wetter direkt am rauschenden Bach.

St. Alban-Tal 37, Grossbasel
Tram: Kunstmuseum
Tel: 0041 (0)61 2259090
www.papiermuseum.ch
Dienstag – Freitag und Sonntag
11.00 – 17.00 Uhr, Samstag 13.00 –
17.00 Uhr, Montag geschlossen

Cartoonmuseum

Klein, fein, bissig – und sehr erhellend. Im Cartoonmuseum, und zwar dem einzigen im Land, das sich ausschließlich der satirischen Kunst, der Karikatur, humoristischen Zeichnung und dem Comic widmet, lacht der Schweizer über sich selbst – und über andere. Mehr als 3400 Originalwerke gehören zur Sammlung von Künstlern aus über 40 Ländern – und dazu gibt es wechselnde Sonderausstellungen. Sie beschäftigen sich mit einzelnen Künstlern oder behandeln spezifische Themen oder Gattungen wie Comics, Cartoons, Illustrationen oder Animationen.

St. Alban-Vorstadt 28, Grossbasel
Tram: Kunstmuseum
Tel: 0041 (0) 61 2263360
www.cartoonmuseum.ch
Dienstag – Freitag 14.00 – 18.00 Uhr,
Samstag und Sonntag 11.00–
18.00 Uhr, Montag geschlossen

Haus für elektronische Künste

Auf der Art Basel 2012 war das Haus für elektronische Künste mit einer Installation vertreten, auf der man sich auf eine kleine hölzerne Scheibe stellen und selbst jede Menge Schrift in Bewegung bringen konnte. Eine tolle interaktive Skulptur, präsentiert von den Initiatoren des Festivals Shift für elektronische Künste und des Forums für neue Medien plug.in, die seit 2011 gemeinsam dieses Haus für digitale Kunst betreiben. Zu sehen ist zeitgenössische Kunst und Musik, die auf verschiedenste Weise mit digitalen Medien arbeitet. Neben der Archivierung und Konservierung digitaler Arbeiten und den wechselnden Ausstellungen gibt es Konzerte, Vorträge, Performances und Workshops.

Oslostrasse 10, 4142 Münchenstein
Tram: Ruchfeld
Tel: 0041 (0) 61 3315840
www.haus-ek.org
Mittwoch – Sonntag 13.00 – 17.00 Uhr,
Montag und Dienstag geschlossen

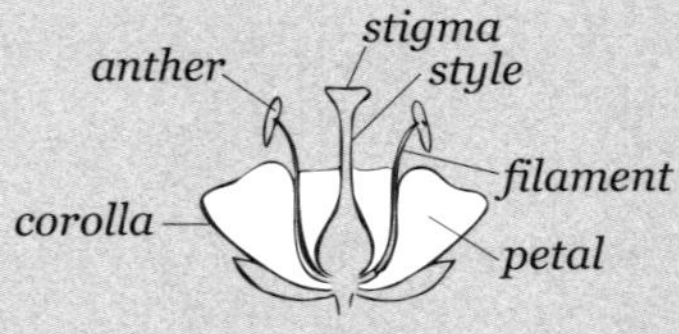

Pharmazie-Historisches Museum

Im „Haus zum vorderen Sessel“ im Totengässlein gingen einst schon Erasmus und Paracelsus ein und aus. Der streitbare Arzt und Naturforscher lebte dort sogar einige Zeit – und heute ist in den Gebäuden um den schönen Innenhof herum eine der weltweit größten Sammlungen zur Geschichte der Pharmazie zu sehen: seltsame und auch kunstvoll schöne Instrumente und Gefäße, ein alchemistisches Laboratorium aus dem 16. Jahrhundert, Destillationsapparaturen, Ausstattungen historischer Apotheken und viele Fakten über Heilerfolge und auch Irrungen in der Medizin und Pharmazie. Das Museum wurde 1925 von der Universität Basel gegründet, und heute gehört auch ein Herbarium dazu, in dem Sie zahlreiche Kräuter, Seifen, Mörser, Bücher und Rohstoffe für die Molekular-Küche kaufen können. Fragen Sie unbedingt nach dem Sonderverkauf alter Apothekergeräte. Dann werden Sie in einen spannenden Raum voller Petrischalen, Flaschen und anderen wunderbaren alten Gefäßen geführt, die Sie für wenig Geld kaufen können.

Totengässlein 3, Grossbasel
Tram: Marktplatz
Tel: 0041 (0)61 2649111
www.pharmaziemuseum.ch
Dienstag–Freitag 10.00–18.00 Uhr, Samstag 10.00–17.00 Uhr, Montag geschlossen

Schaulager
Mit Schauen hat dieser Ort eigentlich nur in den Sommermonaten etwas zu tun. Zumindest wenn man nicht zum Fachpublikum gehört. Denn für die breite Öffentlichkeit werden die Pforten, hinter denen die Werke der Emanuel-Hoffmann-Stiftung untergebracht sind, die keinen Platz im Kunstmuseum Basel und im Museum für Gegenwartskunst finden, nur einmal im Jahr geöffnet. Dann allerdings gibt es in dem hermetischen Bau von Herzog & de Meuron eine Sonderschau zu sehen, die mit Spannung erwartet wird. Francis Alÿs, Tacita Dean, Andrea Zittel oder Matthew Barney waren bisher zu Gast, 2013 ist der britische Künstler Steve McQueen eingeladen, der mittlerweile mit Dramen wie „Hunger" und „Shame" auch Kinoerfolge feiert.

Ruchfeldstrasse 19, 4142 Münchenstein, Tram: Schaulager
Tel: 0041 (0)61 3353232
www.schaulager.org
Öffnungszeiten bitte der Website entnehmen

Vitra Design Museum
Nehmen Sie am Badischen Bahnhof in Basel den Bus Nr. 55 und wundern Sie sich nicht, wenn die Abfahrtszeit nicht an der elektronischen Tafel angezeigt wird. Eine Eigensinnig-

keit der Basler Verkehrs-Betriebe, da dieser Bus nach Deutschland fährt. Sie sind dort dennoch richtig – und nach einer rund 20-minütigen Fahrt durchs Hinterland steigen Sie mitten auf der großen Wiese und an der Haltestelle „Vitra" am Vitra Design Museum aus. Zu übersehen ist es sowieso nicht. Seit 2010 prangt der Bau von Herzog & de Meuron, der aus mehreren über- und ineinandergestapelten schiefergrauen Baukörpern besteht, wie ein Raumschiff aus der Landschaft heraus. „Mikadostäbe, die übereinander fallen" nennen ihn die Architekten. Angelehnt ist er dennoch an die Giebel-Architektur der Umgegend, von innen hat man verschiedenste herrliche Ausblicke auf die Landschaft – und die gesamte Anlage ist eine Welt für sich. Während man im VitraHaus von Herzog & de Meuron über fünf Stockwerke die Vitra Home Collection anschauen und anschießend in einem großen Museumsshop ausgiebig stöbern kann, liegt das eigentliche Vitra Design Museum, entworfen von keinem Geringeren als Frank Gehry, weit genug weg, um nicht angesichts des Prachtbaus erdrückt zu werden, aber dennoch nur ein paar Schritte entfernt. Dort finden wechselnde Design-Ausstellungen statt, und dort startet auch die circa zweistündige Architektur-Führung über den Vitra Campus, das Firmengelände. Und die sollten Sie sich auf keinen Fall entgehen lassen.

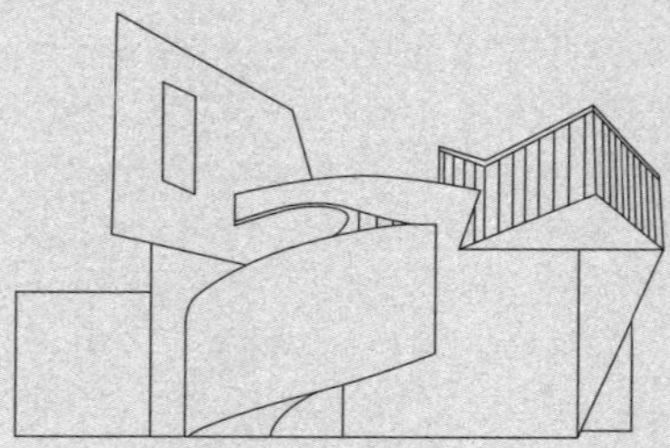

Nach einem Werksbrand 1981 machte die Besitzerfamilie um Rolf Fehlbaum aus der Not eine Tugend und lud nach und nach Architekten ein, um das Firmengelände zu bebauen. Vielfalt prägt seither das Bild – von einer geodätischen Kuppel nach Richard Buckminster Fuller über die Produktionshalle des Briten Nicholas Grimshaw, die durch ein flexibles Regendach bestich, das Feuerhaus von Zaha Hadid, in dem einem angesichts der schrägen Wände und raffinierten Fluchten schwindlig wird, bis hin zu dem berühmten, kontemplativen Konferenzpavillon von Tadao Ando.

Im Café des VitraHauses gibt es den

angeblich besten Espresso der Region. In einem original Streamliner-Campingwagen werden Limonaden, Bio-Eis und Snacks verkauft, und dort können Sie sich gegen 30 Euro Pfand eine Picknickdecke leihen und mit etwas Proviant zu dem neu erworbenen Rasen-Grundstück des Vitra Design Museums gegenüber am Berg (Charles-Eames-Weg) hinaufspazieren und die spektakulären Bauten und die saftig-grüne Landschaft von oben genießen.
Gleich nach Ihrer Ankunft sollten Sie sich nach den Abfahrtszeiten zurück nach Basel erkundigen, denn mitunter verkehrt der Linienbus nur stündlich.

Charles-Eames-Str. 2
79576 Weil am Rhein
Bus: Vitra
Tel: 0049 (0)7621 7023500
www.design-museum.de
Montag – Sonntag 10.00 – 18.00 Uhr

Art | Basel

Art Basel
„Olympiade der Kunstwelt" nannte die britische Daily Mail die weltweit wichtigste Kunstmesse, an der 300 Galerien teilnehmen – und die Basel jeden Frühsommer auf den Kopf stellt. Vier Tage lang bevölkern mehr als 65 000 Besucher, Sammler, Kunstinteressierte und Künstler die Stadt, schon vorher finden zahlreiche Partys, Empfänge und andere Events statt, tagsüber drängt man sich in den Messehallen an Ständen aus der ganzen Welt entlang, an denen von Pablo Picasso und Gerhard Richter bis zu brandneuen Hot-Shots alles gehandelt wird, was Erfolg verspricht, und abends trifft man sich regelmäßig im Restaurant Kunsthalle und in den Bars. 2013 wird der neue Messebau von Herzog & de Meuron fertiggestellt – und zu der Kunst kommt noch ein weiteres architektonisches Highlight hinzu.

Messeplatz, Kleinbasel
Tram: Messeplatz
http://basel.artbasel.com

Im Fahrwasser der Art Basel finden zahlreiche „Neben"-Messen statt:

Seit 1996 präsentiert die Liste neue, interessante Galerien und junge, zeitgenössische Kunst. Nur Galerien, die jünger als fünf Jahre alt sind und Künstler präsentieren, die nicht älter als 40 Jahre sind, bekommen die Zulassung. In der ehemaligen Brauerei Warteck nutzen sie jede Ecke der mehrstöckigen, verwinkelten Location aus – sogar im alten Braukessel wird Kunst präsentiert. Es ist eine junge, lebendige Messe. Schon vor dem Eingang gibt es Performances und Musik und im Warteck selbst die lauschige Cantina Don Camillo mit ihrer Dachterrasse (siehe Seite 113).

Sudhaus Warteck, Burgweg 15,
Kleinbasel, Tram: Wettsteinplatz
www.liste.ch

Die Kunstmesse Scope hat sich durch ihre speziell kuratierten Schauen zeitgenössischer Kunst einen Namen gemacht. Mehr als 90 internationale Galerien stellen sich vor, und es finden Führungen statt. Nach verschiedenen Standorten hat der Container-Pavillon der Scope jetzt wohl seinen Standort auf dem Kasernenplatz gefunden, umgeben von Bars, Cafés und Restaurants.

Kaserne, Klybeckstrasse 1b,
Kleinbasel, Tram: Kaserne
www.scope-art.com

Nach der Art Basel ist die Volta die zweitgrößte Kunstmesse der Stadt. Sie präsentiert zeitgenössische Kunst etablierter Galerien und hat eine Messe-Dependance in New York. 2005 wurde sie von den Galeristen Friedrich Loock (Wohnmaschine, Berlin), Ulrich Voges (Voges + Partner, Frankfurt) und Kavi Gupta (Kavi Gupta, Chicago) gegründet, um die Lücke zwischen der Art Basel und der Liste zu schließen.

Über den jeweils aktuellen Standort
können Sie sich auf der Website
informieren: www.voltashow.com

ARCHITEKTUR

Basel ist nicht nur eine Stadt vielfältiger Kunst, sondern auch die Schweizer Hochburg moderner, wagemutiger und großartiger Architektur. Die berühmtesten Architekten der Stadt sind die gebürtigen Baseler Herzog & de Meuron, die gerade das Messegelände markant modernisiert haben, den 178 Meter hohen Turm „Bau 1“ für die F. Hoffmann-La Roche Ltd. planten, aber auch Mario Botta, Richard Meier oder SANAA haben in Basel gebaut. Die Stadt ist wie ein Freilichtmuseum zeitgenössischer Architektur, verfügt über spektakuläre Museumsbauten wie der Fondation Beyeler, dem Tinguely Museum – und bis 2015 soll das Kunstmuseum Basel mit einem Neubau von Christ & Gantenbein erweitert werden. In wechselnden Ausstellungen stellt das Schweizerische Architekturmuseum S AM (Steinenberg 7, www.sam-basel.org) Bauten und Projekte vor.

Rheinkraftwerk Birsfelden

Man sieht das Rheinkraftwerk Birsfelden bereits, wenn man mit dem Zug in die Stadt und zum Schweizer Bahnhof fährt: das elegante Rheinkraftwerk mit den dazugehörenden Schifffahrtsanlagen, das Hans Homann 1954 konzipierte und in dem Wasserkraft in Energie für die Stadt umgewandelt wird.
Das Rheinkraftwerk kann in kostenlosen Führungen, die ca. 1,5 Stunden dauern, besichtigt werden. Sie finden allerdings nur während der Woche und nicht am Samstag, Sonntag und an Feiertagen statt.

Hofstrasse 82, 4127 Birsfelden
Tram: Bahnhof SBB
www.kw-birsfelden.ch

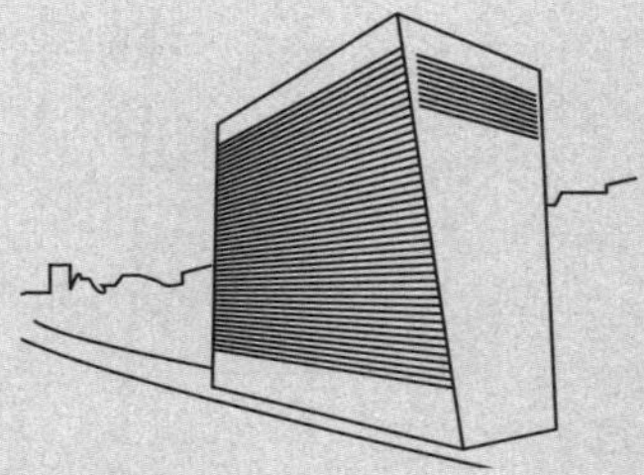

Zentrales Stellwerk der SBB Basel

Wie ein eleganter Monolith steht das Stellwerk der Schweizerischen Bundesbahnen SBB an den Gleisen der Münchensteiner Brücke, das 1999 fertiggestellt wurde. Herzog & de Meuron entwarfen den Bau als spannungsreiches Trapez, das mit einer Fassade aus Kupfer-Lamellen verkleidet ist, in denen das Licht sich fängt, es immer anders schimmern lässt – und ändert man die Perspektive, verwandelt sich auch dessen Form.

Münchensteinerstrasse 115,
Tram: Münchensteinerstrasse

Peter-Merian-Haus

Wie ein Eisberg ragt das Peter-Merian-Haus nahe dem Schweizer Bahnhof aus der Stadtlandschaft heraus. Die Architekten Zwimpfer Partner haben es entworfen und gemeinsam mit dem amerikanischen Künstler Donald Judd die smaragdgrüne Fassade entwickelt, eine zwischen Mattigkeit und Transparenz changierende Glashaut, die ihr Äußeres je nach Licht und Witterung leicht verändert. Der Komplex, der 2000 eröffnet wurde, besteht aus sechs Hochbauten, die 180 Meter lange Fußgängerpassage gestaltete die amerikanische Künstlerin Roni Horn, die dort – als Gegenpol zur Fassade – orangefarbene Bodenplatten verlegen ließ, die maßstabsgetreue Abdrücke der isländischen Gesteinslandschaft sind. In den Lichthöfen stehen Installationen von Künstlern wie Pipilotti Rist.

Das Peter-Merian-Haus befindet sich beim Bahnhof SBB in Basel zwischen Bahngleisfeld, Nauenstrasse und Peter-Merian-Brücke.
Tram: Bahnhof SSB

Novartis Campus

Für den Pharma-Riesen Novartis entwickelte der Architekt und Städteplaner Vittorio Magnago Lampugnani 2002 eine Stadt in der Stadt mit Gassen und Plätzen – und aufsehenerregenden Gebäuden großer Architekten.
Der Novartis Campus ist eine Art Schweizer Pendant zum Vitra Design Fabrikgelände – und zu den Architekten gehören Frank Gehry, SANAA, Tadao Ando, Burckhardt+Partner, David Chipperfield. Ein Highlight in Sachen Transparenz ist das Verwaltungsgebäude Forum 3 der Architekten Diener & Diener, Gerold Wiederin und des Künstlers Helmut Federle, das als Erstes fertiggestellt wurde und, verkleidet mit bunten Glaspaneelen, herrlich dynamisch und leichtfüßig flimmert.
Bis 2030 wird der Campus, der gleichzeitig der globale Firmensitz von Novartis ist, zu einem Zentrum für Forschung, Entwicklung und Management ausgebaut.

Zu besichtigen ist der Novartis Campus im St. Johann Quartier ausschließlich mit Führungen, die von Basel Tourismus organisiert werden.

Anmeldungen unter:
Basel Tourismus
Tel: 0041 (0)61 2686868

Messeturm

Mit 105 Metern ist das Gebäude der Architektengemeinschaft der Baseler Meinrad Morger und Heinrich Degelo in Zusammenarbeit mit dem Luzerner Daniele Marques eines der höchsten der Schweiz. Man sieht den eleganten geradlinigen Turm, der in der Tradition von Mies van der Rohe gebaut wurde, von Deutschland und

Frankreich aus, und innerhalb Basels ist er einer der Orientierungspunkte der Stadt.

In dem 2003 eröffneten Turm befinden sich ein Hotel, Konferenzräume, Büros, und aus dem Restaurant im oberen Stockwerk und der Bar Rouge hat man einen tollen Rundblick.

Messeplatz 12, Kleinbasel
Tram: Messeplatz
Tel: 0041 (0)61 6959010
www.messeturmbasel.ch

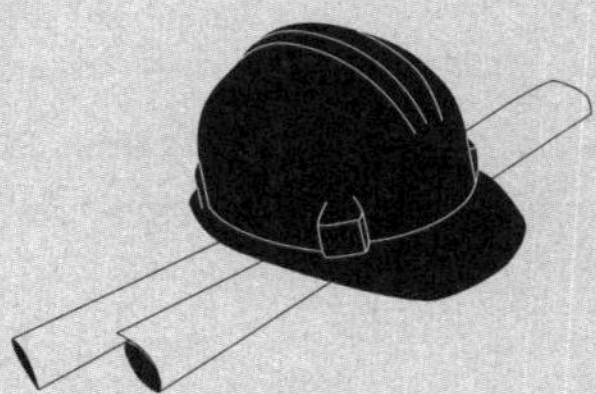

St. Jakob Turm

Mit seiner ungewöhnlichen Form, die fast ohne rechten Winkel im Grundriss auskommt, erinnert der Turm von Herzog & de Meuron an einen Bergkristall, seine Glasfassade lässt an ein Gewächshaus denken, und dazu schimmert er leicht grün, ganz wie der nahe gelegene Rhein. Er steht beim Sportzentrum St. Jakob und in unmittelbarer Nähe des Fußballstadions St. Jakob-Park und des Mercedes-Benz-Showrooms, beide ebenfalls von Herzog & de Meuron entworfen. Der St. Jakob Turm, 2008 eröffnet, wird für Büros und Wohnungen genutzt.

Birsstrasse 320B, Grossbasel
Tram: St. Jakob-Park
www.st-jakob-turm.ch

Volta-Zentrum

Im Zentrum der Neuausrichtung des Bezirks St. Johann und des Vogesenplatzes steht das Volta-Zentrum, ein plastisch und sanft geformter Kubus aus hell lasiertem Leichtbeton und mit scharf konturierten Fenstern. Gebaut wurde er von den Wettbewerbsgewinnern Buchner/Bründler, die auch die Jugendherberge St. Alban gestalteten.

Vogesenplatz, Hühningerstrasse 1,
Grossbasel, Tram: Hüningerstrasse
www.voltacenter.ch

Hochschule für Gestaltung und Kunst Basel

Den Komplex der HGK Basel, an der unter anderem Pipilotti Rist studierte, entwarfen Franz Bräuning, Arthur Dürig und Hans Peter Baur mit sieben unterschiedlichen Gebäuden, die um eine Skulptur von Hans Arp herum gruppiert sind. Neben dem Kunsthochschul-Gebäude aus rohem Beton und Reliefs von Armin Hofmann ist die gefaltete Decke der Turnhalle besonders spektakulär. Der Campus, der zwischen 1956 und 1961 gebaut wurde, ist öffentlich zugänglich.

Vogelsangstrasse 15, Kleinbasel
Tram: Gewerbeschule
www.fhnw.ch/hgk

St. Antonius-Kirche

Nach ihrer Einweihung 1931 nannten die Baseler die erste reine Betonkirche der Schweiz und einer der ersten Stahlbetonbauten der Welt überhaupt noch verächtlich Seelensilo. Schnell aber wurde der Avantgarde-Bau von Karl Moser und Gustav Doppler zu einem Highlight für Architektur-Interessierte.
In gigantischen Ausmaßen, 22 Meter hoch und 60 Meter lang, mit einem 62 Meter hohen eckigen Glockenturm und komplett aus rohem Sichtbeton, fügt sich die römisch-katholische Kirche Mauer an Mauer zwischen zwei Wohnbauten ein.
Innen tragen acht schlanke Betonpfeiler das Tonnengewölbe, und eine Sensation sind die monumentalen vielfarbigen Glasfenster von Hans Stocker und Otto Staiger, die biblische Szenen wie die See- und Fischpredigt oder das Abendmahl zeigen. Fantastisch, wenn die farbigen Glassteine im Sonnenlicht auf den rohen, unverputzten Betonwänden zu tanzen scheinen. Diesen Bau sollten Sie sich nicht entgehen lassen!

Kannenfeldstrasse 35, Grossbasel
Tram: Kannenfeldplatz
www.antoniuskirche.ch

BIS Turm

Ein ungeliebter Turm, 70 Meter hoch, vom Architekten Martin Burckhardt entworfen und 1977 fertiggestellt. Er erinnere an den Kühlturm eines Atomkraftwerks, wurde gespottet, und er wird auch „Turm zu Basel“ genannt, das allerdings, weil er die Bank für Internationalen Zahlungsausgleich, die weltweit älteste Finanzorganisation, beherbergt. Dennoch ist der runde Turm mit seiner Glas-Aluminium-Fassade ein Wahrzeichen der Stadt, hat eine beeindruckende visuelle Präsenz und ist innen immer noch im schönsten Siebzigerjahre-Design ausgestattet.

Centralbahnplatz 2, Grossbasel
Tram: Basel Bahnhof SBB
www.bis.org

Es fällt einem schon nach kurzer Zeit auf, dass Basel eine Stadt der Brunnen ist. Überall plätschert es, auf Plätzen, in Hauseingängen, an der Straße – und das geht auf das Mittelalter zurück, als die Bewohner ihr Wasser aus Quellen, die außerhalb lagen, bezogen. Durch hölzerne Rohre wurde es in die Brunnen der Stadt geleitet – und zwar 600 Jahre lang, bis 1866. Seitdem kommt das Wasser direkt in die Häuser, und die rund 190 Brunnen sind heute reine Zier. Einige von ihnen stehen unter Denkmalschutz wie der kunstvoll verzierte spätgotische Fischmarktbrunnen, gestaltet von dem Künstler Johannes Parler und vermutlich 1390 gebaut.

Außerdem findet man rund 30 Basiliskenbrunnen in der Stadt, geschmückt mit dem Basilisken, einem mythischen Fabelwesen mit Hahnenkopf und Leguanschwanz. Diese grünfarbenen Brunnen gehen auf einen Wettbewerb zurück, den der Direktor der Baseler Gewerbeschule, Wilhelm Bubeck, 1884 mit seinem Entwurf gewann. Alle Baselisken schauen Richtung Rhein – außer dem einen, welcher gegenüber dem Münster steht. Da dieser ein beliebtes Fotomotiv ist und somit immer nur der Rücken des Baselisken zu sehen wäre, wurde er einfach umgedreht.

Unter www.brunnenfuehrer.ch sind alle Baseler Brunnen und ihre Historie aufgeführt.

Tinguely-Brunnen

Der berühmteste Brunnen der Stadt ist der Fasnachtsbrunnen des Künstlers Jean Tinguely, der neben der Kunsthalle und vor dem Theater liegt und von allen seit jeher nur Tinguely-Brunnen genannt wird. Seit 1977 speien dort zehn Fasnachts-Masken wie „die Spinne", „der Wackler" oder „der Querflöter" Wasser, fahren auf Schienen den Brunnenboden entlang und liefern ein ziemliches Spektakel. Ganz so wie seinerzeit die Schauspieler, die genau an dieser Stelle auf der Bühne des alten, abgerissenen Stadttheaters standen. Als Erinnerung daran sind die Skulpturen aus Teilen der ehemaligen Ausstattung des Theaters gebaut. Der Tinguely-Brunnen ist ein zentraler Treffpunkt, Mütter mit ihren Kindern sitzen dort, Touristen und auch mal ein Kunsthallen-Aufseher, der eine Pause macht.

Steinenberg 9, Grossbasel
Tram: Basel Theater

SEHENSWÜRDIGKEITEN

Rathaus

Das Baseler Rathaus ist ein wirklich einzigartiger Bau: In scharlachrotem Sandstein ließ das stolze Bürgertum 1514 sein Gemeindeamt bauen – und es mit prächtigen Fresken bemalen. Über dem Eingang prangt das Wappen der Stadt, ein schwarzer, zur Seite geneigter Krummstab, der Sinnbild für den Hirtenstab der Bischöfe ist, im Innenhof dagegen sind wunderbare Wandbilder zu sehen. Sie stammen zum Teil von dem Maler Hans Bock aus dem 16. Jahrhundert und zeigen Themen der Rechtsprechung und auch die Historie Basels und dessen Aufnahme in die Eidgenossenschaft 1501. Gehen Sie ruhig auf die Empore, sie ist für Besucher geöffnet. Möchten Sie das Rathaus ausführlicher besichtigen, findet jeden Donnerstag um 18.00 Uhr eine Führung statt. Anmelden müssen Sie sich dafür nicht.

Marktplatz 9, Grossbasel
Tram: Marktplatz
Montag – Freitag 7.00 – 12.00 Uhr
und 13.30 – 18.00 Uhr

Basler Münster

Das ist der Ort, an den es fast jeden Basel-Touristen verschlägt: zum Basler Münster, zwischen 1019 und 1500 im romanischen und gotischen Stil erbaut, in leuchtendem rotem Sandstein, mit bunten Ziegeln und anmutig schlanken Türmen. Über 115 Stufen kann man in seine Spitze steigen. Sehr schön ist auch der große Kreuzgang mit seinen spätgotischen Fenstern. Der vorgelagerte Münsterplatz wird von mittelalterlichen, ehemaligen Domherrenhäusern gesäumt und ist seit 2007 autofrei. Er ist eine ruhige Oase an einem der schönsten Plätze der Stadt, samt Boulespielern und manch dösendem Einheimischen.

Münsterplatz, Grossbasel
Tram: Kunstmuseum
www.muensterbasel.ch
Sommer: Montag – Freitag 10.00 – 17.00 Uhr, Samstag 10.00 – 16.00 Uhr, Sonntag 11.30 – 17.00 Uhr,
Winter: Montag – Samstag 11.00 – 16.00 Uhr, Sonntag 11.30 – 16.00 Uhr

Dreiländereck-Skulptur
Im Rheinhafen seht die Eisenskulptur „Pylon", die der Schweizer Künstler Wilhelm Münger 1957 für das Dreiländereck entworfen hat. Die 19 Meter hohe Plastik ist ein Symbol für das Zusammentreffen der Länder, deren wirkliche Grenze ungefähr 50 Meter entfernt mitten im Rhein liegt.

In der Nähe des Pylonen ankert seit einigen Jahren „Das Schiff", ein Restaurant im Sixties-Stil und mit knallroter Möblierung, das in einem umgebauten Frachtschiff untergebracht ist. Es werden dort Brunch und französisch-mediterrane Küche serviert, und auf Deck kann man einen Drink nehmen.
(www.dasschiff.ch)

Kleinhüningen, Ende Westquaistrasse, Tram: Kleinhüningen

GALERIEN

STAMPA

Stampa
Eine Institution in Basels Galerie-Szene. Vor über 50 Jahren von Gilli und Diego Stampa gegründet, ist dort seit jeher zeitgenössische Kunst zu sehen. Arbeiten von Marlene Dumas, Marcel Odenbach, A.R. Penck und Pipilotti Rist waren dort bereits zu Anfang ihrer Karriere ausgestellt, dazu finden Performances, Buchpräsentationen und Seminare statt. Offen und am Puls der Zeit kooperiert Stampa mit der Baseler Hochschule für Gestaltung ebenso wie mit dem Kunsthistorischen Seminar der Universität Zürich. Angeschlossen ist

eine tolle Buchhandlung für Kunst, Fotografie, Design und Architektur – und seit 2009 arbeitet die Galerie mit dem Baseler Musikladen Plattfon (siehe Seite 109) zusammen.

Spalenberg 2, Grossbasel
Tram: Universität
Tel: 0041 (0) 61 2617910
www.stampa-galerie.ch
Dienstag – Freitag 11.00 – 18.30 Uhr,
Samstag 10.00 – 17.00 Uhr

Galerie Karin Sutter

Junge, zeitgenössische Positionen zeigt Karin Sutter bereits seit 2004. Interessant sind auch ihre regelmäßigen Gruppenausstellungen, in denen Malerei, Installationen, Collagen, Gipsobjekte, Plastiken, Fotografie und Zeichnungen zu sehen sind. Darunter auch die wunderbaren Arbeiten von Guillermo Martin Bermejo, dessen Zeichnungen, die er mit Stoffen auch mal zu dreidimensionalen Objekten werden lässt, sehr persönliche Geschichten erzählen.

Projektraum, St. Alban-Vorstadt 8,
Grossbasel, Tram: Kunstmuseum
Tel: 0041 (0) 61 2718851
www.galeriekarinsutter.ch
Mittwoch 17.00 – 19.00 Uhr, Donnerstag 14.00 – 19.00 Uhr, Freitag 14.00 – 18.30 Uhr, Samstag 11.00 – 16.00 Uhr
Galerie: Rebgasse 27, Kleinbasel,
Tram: Claraplatz
Mittwoch und Donnerstag 14.00 – 18.30 Uhr, Freitag 11.00 – 18.30 Uhr,
Samstag 11.00 – 16.00 Uhr

Nicolas Krupp Contemporary Art

Spannende junge und zeitgenössische Kunst ist auch bei Nicolas Krupp zu sehen. Zu seinem Programm gehören Malerei, Zeichnung, Skulptur, Fotografie, Video und neue Medien. In den ehemaligen Fabrikräumen am Messeplatz werden auch immer wieder ortsbezogene Installationen gezeigt sowie Gruppenschauen. Zu den Künstlern gehören Heimo Zobernig ebenso wie Thomas Baumann oder Peter Friedl.

Rosentalstrasse 28, Kleinbasel
Tram: Gewerbeschule
Tel: 0041 (0) 61 6833265
www.nicolaskrupp.com
Donnerstag – Samstag
14.00 – 18.00 Uhr

Off Spaces

Ein Forum für Baseler Künstler bieten diverse Off Spaces. Der älteste und bekannteste unter ihnen ist New Jerseyy, den Daniel Baumann 2007 mit drei Kollegen ins Leben rief. In dem Projektraum ist aktuelle Kunst zu sehen, und es finden Filmvorführungen und Konzerte statt. Die Plattform Schwarzwaldallee und das alternative Space Depot Basel – Ort für Gestaltung, die auf dem Gelände des Nt/Areals in Kleinbasel liegen, führen verschiedene künstlerische Ausdrucksformen zusammen, widmen sich auch Design und Illustration. Informieren Sie sich am besten auf den jeweiligen Websites über die Aktivitäten, da auf dem Gelände mit Open-Air-Bars und Cafés ein Wohnviertel entsteht und das Gebiet im Umbruch ist. Oslo 10 hingegen, eine unabhängige Ausstellungshalle im Kunstfreilager Komplex in Münchenstein, wird von verschiedenen Kuratorenteams bespielt und konzentriert sich auf aktuelle Schweizer und internationale Kunst. In dem Dreispitzareal liegen auch das House of Electronic Arts, zahlreiche Ateliers, und es ist geplant, dass die Akademie für Kunst und Design dort neue Räumlichkeiten bezieht.

New Jerseyy, Hüningerstrasse 18,
Grossbasel, Tram: Hüningerstrasse
www.newjerseyy.ch
Freitag 14.00–16.00 Uhr,
Samstag 14.00–18.00 Uhr

Schwarzwaldallee
Schwarzwaldallee 305, Kleinbasel
Bus: Erlenmatt
www.schwarzwaldallee.ch
Freitag 14.00–18.00 Uhr

Depot Basel, Schwarzwaldallee 305,
Kleinbasel, Bus: Erlenmatt
http://depotbasel.ch
Donnerstag und Freitag 16.00–19.00 Uhr, Samstag und Sonntag
14.00–18.00 Uhr

Oslo 10, Tor 13, Oslostrasse 10,
4142 Münchenstein, Tram: Dreispitz
www.oslo10.ch
Donnerstag–Samstag 14.00–18.00 Uhr

SHOPPING

Set and Sekt

In dem puristischen schwarz-weißen Store hängen High-End-Labels, die das Herz begehrt. Acne ist darunter, Dries van Noten, Helmut Lang, Maison Martin Margiela oder Hope, dazu gibt es Accessoires, Schuhe, Schals – für Frauen und Männer.

Rümelinsplatz 5, Grossbasel
Tram: Marktplatz
Tel: 0041 (0)61 2710765
www.setandsekt.com
Montag 14.00 – 18.30 Uhr,
Dienstag – Freitag 10.00 – 18.30 Uhr,
Samstag 10.00 – 17.00 Uhr

Kleinbasel

Seit mehr als zehn Jahren entwirft Tanja Klein klare, schlichte und moderne Mode für Frauen: schmale Röcke mit raffinierten Falten, fließende Kleider, elegante Blazer – und immer auch die passenden Accessoires wie Taschen, Etuis, Reisetaschen oder Necessaires. Alles aus besten Materialien und „Swiss Made“.

Schneidergasse 24, Grossbasel
Tram: Marktplatz
www.kleinbasel.net
Dienstag – Freitag 10.00 – 18.30 Uhr,
Samstag 10.00 – 17.00 Uhr

sevensisters

Die schönen Dinge, die die Welt nicht braucht, man selbst aber ab und zu schon, findet man bei sevensisters. In dem sehr populären Shop gibt es Design-Kleinode wie kunterbunte Kindermesslatten, zerknüllbare Stadtpläne, bunte Verlängerungskabel, Panoramatapeten, Bensimon Bags und, und, und ... Besonderen Wert wird dabei auf Schweizer Design gelegt.

Spalenberg 38, Grossbasel
Tram: Schifflände
Tel: 0041 (0)61 2620980
www.sevensisters.ch
Montag 14.00 – 18.30 Uhr,
Dienstag – Freitag 10.30 – 18.30 Uhr,
Samstag 10.00 – 17.00 Uhr

Marınsel

Marinsel

Rohleinen-Badetücher aus Japan, Portemonnaies von Il Bussetto, handgestrickte Schals von Charlotte Sometime, Draw-your-mind-Zeichenbücher, kunstvolle Frühstücksbrettchen und Mode von Labels wie Wood Wood, Le Laboratoire, miamiri oder Siyu: Im „Raum für Mode und Verwandtes“ finden sich ausgesuchte schöne Dinge.

Feldbergstrasse 10, Kleinbasel
Bus: Erasmusplatz
Tel: 0041 (0)61 6912333
http://marinsel.ch
Dienstag – Freitag 13.00 – 19.00 Uhr,
Samstag 12.00 – 18.00 Uhr

MATRIX Shop

Die geometrischen Designs von Matrix kommen einem gleich bekannt vor, wenn man den kleinen, schönen und lichtdurchfluteten Shop am Rheinhang betritt. Zwei Seidentuch- und eine Tablett-Kollektion entwirft MATRIX pro Jahr, die in der hauseigenen Siebdruckerei von Hand und in schönsten Farben gedruckt werden.

St. Johanns-Vorstadt 38, Grossbasel
Tram: Johanniterbrücke
Tel: 0041 (0)61 2815454
www.matrixdesign.ch
Dienstag – Freitag 11.00 – 19.00 Uhr,
Samstag 10.00 – 17.00 Uhr

freshUP

In diesem kunterbunten und überladenen Shop um die Ecke vom Unternehmen Mitte findet man Secondhand-Krimskrams – von Gläsern und Schmuck über Klamotten und Kleinmöbeln bis hin zu kurioser Deko, Steinen und allem anderen, was das Stöberherz begehrt. Ein eigensinniger, kleiner Laden, den man selten in so begehrter Innenstadtlage findet.

Gerbergässlein 3, Grossbasel
Tram: Marktplatz
Mittwoch – Freitag 13.00 – 18.30 Uhr,
Samstag 11.00 – 17.00 Uhr,
Montag und Dienstag geschlossen

Riviera

„Labels, zu klein, um schon berühmt zu sein. Zu gut, um nicht entdeckt zu werden", heißt das Credo dieses Shops für internationalen Fashion-Nachwuchs, Taschen und Accessoires für Frauen, Männer und Kinder. Zu den Entdeckungen gehören Fink & Star aus der Schweiz, Minimarket aus Schweden, Herschel aus Kanada und wunderbarer Schmuck von Anna Kiryakova & Arena Copenhagen.

Feldbergstrasse 43, Kleinbasel
Tram: Feldbergstrasse
Tel: 0041 (0)61 5342914
www.baslerriviera.com
Donnerstag und Freitag 13.00 – 18.30 Uhr, Samstag 12.00 – 18.00 Uhr

Plattfon & Stampa

Dieser Plattenladen, berühmt für sein Underground-Gespür und sein ausgesuchtes Angebot, hat sich 2009 mit der Galerie Stampa zusammengetan. Seither gibt es in dem raffiniert designten Store mit flexiblen Präsentationsflächen und einer Theke, die gleichzeitig DJ-Pult ist, neben Musik auch Kunst. Wechselnde Ausstellungen finden statt, man findet ein kleines, feines Kunstbuch-Angebot, Poster, Comics, Magazine, CDs, Filme, Editionen und Multiples und kann viele Entdeckungen machen.

Feldbergstrasse 48, Kleinbasel
Tram: Feldbergstrasse
Tel: 0041 (0)61 6813473
www.plattfon.ch
Dienstag – Freitag 12.00 – 20.00 Uhr,
Samstag 12.00 – 18.00 Uhr

Flohmärkte finden Donnerstag am Barfüsserplatz und Samstag am Petersplatz statt.

SPEZIALITÄTEN

Glausi's Käsespezialitäten
Der herrlich cremig-würzige Appenzeller „Sélection Maison" ist elf Monate gereift, ein Erlebnis und nur in Frau Blinds traditionsreichem Käseladen erhältlich. Und er ist nur eine von vielen Spezialitäten. Dazu gehören ebenso der Toggenburger Schwarzkäse mit Salzkristallen oder der zweijährige Gruyère – und die über 60 Schaf- und Ziegenkäsesorten. Für das Schweizer Nationalgericht Raclette kann man zwischen 14 Raclette-Varianten wählen oder auf die hauseigene Mischung zurückgreifen. Schon am Eingang empfängt einen der köstliche Geruch, viele Sorten können probiert werden.

Spalenberg 12, Kleinbasel
Tram: Schifflände
Tel: 0041 (0)61 2618008
Dienstag – Freitag 8.30 – 18.30 Uhr,
Samstag 8.00 – 17.00 Uhr,
Montag geschlossen

NOCH EINIGE RESTAURANTS

Bonvivant
Ein Menü pro Tag, serviert in einer ehemaligen Seidenfabrik, in der heute Gehrys Wolkenlampen schweben und die Gäste an großen Tischen und auf Stuhlklassikern von Eames und anderen Designgrößen sitzen. Eine schlichte und stylishe Stil-Oase, in der als Raumtrenner verschiebbare Fadenvorhänge von der Decke hän-

gen. Kommen Sie zum Lunch, den es mit Suppe oder Salat, Hauptgang und Mineralwasser für 39 Franken gibt. Das Dinnermenü beginnt bei 74 Franken, und dabei kommen Gerichte wie pochiertes Saiblingsfilet auf weißem Bohnenpüree, Poularde mit Spargel und Pfifferlingen oder Lavendel-Crème brûlée auf den Tisch. Kinder unter zwölf Jahren und Hunde sind nicht erlaubt.

Zwingerstrasse 10, Gundeldingen
Tram: Hauptbahnhof SBB
Tel: 0041 (0)61 3617900
www.bon-vivant.ch
Montag–Freitag 12.00–14.00 Uhr,
18.30–24.00 Uhr, Samstag
19.00–24.00 Uhr (im Juli samstags geschlossen)

Bar im Trois Rois

Mit mehr Grandezza kann man seinen Drink in Basel nicht nehmen. Im Sommer sitzt man auf der Terrasse des Grandhotels direkt am Rhein, im Winter vorm prasselnden Kamin, versinkt in Ledersofas und ist umgeben von schummerigem Licht. Die Cocktails des Fünfsterne-Hotels sind preisgekrönt, und dazu gibt es einen Blick auf die Hautevolee, die sich hier trifft. Tagsüber lohnt es sich, zum Afternoon Tea zu kommen.

Blumenrain 8, Grossbasel
Tram: Universitätsspital
www.lestroisrois.com
Montag–Donnerstag 8.30–1.00 Uhr,
Freitag und Samstag 8.30–2.00 Uhr

Rio Bar

Rio Bar

Ein herrlich abgerockter Klassiker direkt am Barfüsserplatz, in dritter Generation geführt, mit Neonreklamen an der Wand und dem durchmischtesten Publikum der Stadt. Hier treffen sich Künstler, Promis, die Schauspieler vom nahe gelegenen Theater, Studenten und in die Jahre gekommene Stammgäste.

Barfüsserplatz 12, Grossbasel
Tram: Barfüsserplatz
Tel: 0041 (0)61 2613472
Montag–Mittwoch 9.30–1.00 Uhr,
Donnerstag–Sonntag 9.30–2.00 Uhr

Lady Bar

Einst Rotlichtschuppen und seit Mitte 2012 eine der angesagtesten Bars der Stadt. Während der Art Basel feierten in dem rot-plüschigen Ambiente Künstler und Galeristen bis spät in die Nacht, es legen DJs auf – und im Restaurant nebenan, in dem die Zürcher Künstlerin Tika Tec die Decke mit ihren geradlinigen Arbeiten überzogen hat und wo goldene Ventilatoren sich drehen, wird hauptsächlich französische Küche serviert.

Klybeckstrasse 53, Kleinbasel
Tram: Feldbergstrasse
http://ladybar.fm
Mittwoch–Donnerstag 18.00–2.00 Uhr, Freitag–Samstag 18.00–4.00 Uhr

Lilys Stomach Supply
Für einen schnellen, frisch zubereiteten und günstigen panasiatischen Happen zwischendurch ist Lilys Stomach Supply der perfekte Ort. Die Gerichte sind ein Querschnitt durch die Küche Thailands, Vietnams, Chinas, Japans und Indiens, das Restaurant ist so stylish wie schlicht eingerichtet, und man kann auch draußen sitzen.

Rebgasse 1, Kleinbasel
Tram: Claraplatz
Tel: 0041 (0)61 6831111
www.lilys.ch
Montag–Freitag 10.00–24.00 Uhr,
Samstag 11.00–24.00 Uhr,
Sonntag 11.00–22.30 Uhr

BASEL DRAUSSEN

Buvettes
An den Büdchen am unteren Rheinweg kann man sein Abendbier trinken, ein Grillwürstchen oder andere Snacks essen. Es sind Tische aufgestellt, Sonnenschirme, und wenn es, was regelmäßig vorkommt, voller wird, setzt man sich einfach ans Rheinufer.

Cargo Bar
Umschlagplatz für Kultur nennt sich die kleine, alteingesessene Künstlerbar neben der Johanniterbrücke direkt am Rhein. Drinnen finden Ausstellungen, Konzerte und DJ-Sets statt, und Platz zum Tanzen ist dabei in der kleinsten Hütte, draußen kann man sich mit seinem Drink direkt ans Geländer zum Rhein stellen.

St. Johanns-Rheinweg 46, Grossbasel, Tram: Johanniterbrücke
Tel: 0041 (0)61 3210072

www.cargobar.ch
Sonntag – Donnerstag 16.00 – 1.00 Uhr, Freitag und Samstag 16.00 – 2.30 Uhr

Cantina Don Camillo

Das Restaurant und die Bar in einem der obersten Stockwerke der einstigen Warteck-Brauerei erklimmt man über steile Eisentreppen – und oben erwartet einen ein großes loftartiges Restaurant, das eine bunt gemixte Küche mit französischen, asiatischen und veganen Einflüssen bietet – und eine große lauschige Terrasse, direkt am Kaminturm. Überspannt ist sie von einem großen Sonnensegel, und darunter kann man wunderbar sitzen.

Burgweg 7, Kleinbasel
Tram: Wettsteinplatz
Tel: 0041 (0)61 6930507
www.cantina-doncamillo.ch
Montag – Freitag 11.00 – 14.30 Uhr und 17.30 – 23.30 Uhr,
Samstag 17.30 – 23.30 Uhr

Bio Andreas

Für einen kleinen Snack zwischendurch, eine Bio-Kartoffel mit Quark aus der Region oder einen Rhabarber-Vanille-Kuchen kann man schön – und garantiert unter Baselern – an einem Brunnen im Hof neben der Hasenburg sitzen. Bekannt ist Bio Andreas für sein Holzofenbrot, das direkt vor Ort gebacken wird.

Andreasplatz 14, Grossbasel
Tram: Schifflände
Tel: 0041 (0)61 2618486
Montag – Freitag 8.00 – 18.30 Uhr,
Samstag 8.00 – 17.00 Uhr

JOGGEN

In Basel joggt man rechts und links des Rheins, unter Linden oder an Wiesen entlang – oder kombiniert beide Uferwege miteinander. Eine schöne Strecke von ca. 9,5 Kilometern verläuft von der Johanniterbrücke in Grossbasel Richtung Kraftwerk Birsfelden, dort auf die andere Rheinseite und wieder zurück Richtung St. Johannbrücke. Wer die Strecke etwas abkürzen möchte, überquert den Rhein beim Jean Tinguely Museum.

DO SOMETHING YOU HAVE NEVER DONE BEFORE

An warmen Tagen sieht man immer wieder Baseler in Badehose oder Bikini am Rhein entlangmarschieren – und ihrem liebsten Sommerhobby nachgehen: den Rhein hinunterzutreiben.
Und das geht so: Kaufen Sie sich in einem der Rheinkioske, den Buvettes, einen wasserundurchlässigen Beutel und laufen Sie, entgegen der Strömung, den Rhein hoch.
Ziehen Sie sich Badesachen an und verstauen Sie Ihre Straßenklamotten in dem Beutel, der gleichzeitig als Schwimmhilfe dient.
Dann springen Sie in den Rhein und lassen sich bis zu einer der „Ausstiegszonen" treiben, die Sie leicht daran erkennen, dass dort auch alle anderen hinausgehen.
Das Rheinschwimmen ist im Sommer ein Muss, mancher Baseler nutzt die schwungvolle Abkühlung sogar mehrmals am Tag.
Da die Strömung stark ist, sollten Sie ein guter Schwimmer sein.

Gemächlicher geht es in den schönen, historischen Flussbädern „Rhybadhysli Santihans" (St. Johanns-Rheinweg, Grossbasel, Tram: Johanniterbrücke, www.badi-info.ch/bs/santihans.html) samt Nichtschwimmerbecken und dem „Rhybadhysli Breiti" (St. Alban-Rheinweg 195, Grossbasel, Bus: Breite, http://rheinbad-breite.ch) am Restaurant MS Veronica zu.

MIT DEM FAHRRAD DURCH BASEL

In der Velogarage unter dem Bahnhof SBB kann man sein Fahrrad nicht nur sicher parken, sondern auch verschiedenste Fahrräder mieten – herkömmliche Fahrräder, Mountainbikes, Elektrofahrräder, Tandems, Countrybikes mit Anhängern und Kindervelos. Die Ausleihzeiten beginnen bei ein bis drei Stunden, ab 16 Franken, und den Helm gibt es gratis dazu.

Centralbahnplatz
Täglich 8.00–22.00 Uhr
Reservierungen unter
Tel: 0041 (0)61 2720910
www.veloparking.ch

BASLER FASNACHT

So malerisch wie in Basel feiert man die Fasnacht sonst nirgendwo. Die größte der Schweiz und die einzige protestantische weltweit beginnt am Montag nach Aschermittwoch morgens um vier Uhr mit dem Morgenstraich. Dann wird in der verkehrsfreien Innenstadt zwischen Aescheplatz und Mustermesse die Straßenbeleuchtung ausgeschaltet, sodass nur noch die kunstvoll bemalten, großen Stablaternen und die wunderbaren Kopflaternen leuchten. (Fotografieren Sie nicht mit Blitz, das ist sehr ungern gesehen!) Auf das Kommando „Morgenstraich – vorwärts marsch!" beginnen Trommeln, Tambourins und Piccolos zu spielen, und die verschiedenen Cliquen ziehen los. Bis zum Endstraich am Donnerstagmorgen um vier Uhr sind Basels Straßen mit Trommel- und Pfeifergruppen, Musikern und anderen Verkleideten bevölkert.

Tipp: Einer der schönsten Umzüge ist der Chienbäse, der vor dem Morgenstraich am Fasnachtssonntag in Liestal stattfindet. Dabei ziehen Träger mit Feuerfackeln (Chienbäsen) durch die dunklen Gassen und ziehen Feuerwagen hinter sich her. So wird die Macht des Winters gebrochen und die wärmende Kraft der Sonne ins Tal hinuntergetragen.

Infos: www.chienbaese-verein.ch

BUCHTIPP

„Silberkiesel. Hunkelers erster Fall“
von Hansjörg Schneider

Seit mehr als 15 Jahren lässt Dramaturg und Krimiautor Hansjörg Schneider den Kommissar Peter Hunkeler in Basel knifflige Fälle lösen. Dabei geht es einmal quer durch die Stadt und zu allem, was sie zu bieten hat. Hunkeler wohnt im St. Johann-Quartier, er schlendert durch die Altstadt, schwimmt gerne im Rhein, trinkt manchmal zu viel Bier und zweifelt ziemlich oft an der staatlich garantierten Gerechtigkeit. Mal wird er Zeuge, wie ein Mann von der Johanniterbrücke stürzt, dann ermittelt er in einem Theaterskandal und im Mordfall eines Baseler Kunsthändlers. Vier der Bestseller wurden bereits verfilmt.

PERSÖNLICHKEIT

Arnold Böcklin (1827–1901)

Deutliche Konturen, leuchtende Farben und mythologische Themen machten Arnold Böcklin zu einem der bedeutendsten Künstler des 19. Jahrhunderts. Als Böcklin, Sohn eines Kaufmanns, geboren wurde, hatte Basel gerade mal 20 000 Einwohner. Er wuchs in den mittelalterlichen Gassen auf, zog später nach Düsseldorf, Paris und Rom, kehrte zwischenzeitlich nach Basel zurück, ging nach Zürich und später in die Nähe von Florenz. Das Kunstmuseum Basel besitzt eine beachtliche Sammlung der Gemälde des Schweizer Symbolisten, der schon früh mit der Romantik und dem Naturalismus brach, nach seelischer Tiefe in der Kunst suchte und ein Vorbild für Surrealisten wie Giorgio De Chirico, Salvador Dalí und Max Ernst wurde.

Tourist Office

Die Filialen liegen:
Im Stadtcasino am Barfüsserplatz,
Steinenberg 14, Grossbasel
Tram: Barfüsserplatz
Tel: 0041 (0)61 2686868
Montag–Freitag 9.00–18.30 Uhr,
Samstag 9.00–17.00 Uhr,
Sonntag 10.00–15.00 Uhr

Im Hauptbahnhof SSB, Grossbasel
www.basel.com
Montag–Freitag 8.30–18.00 Uhr,
Samstag 9.00–17.00 Uhr,
Sonntag 9.00–15.00 Uhr

Telefonieren

Schweiz: 0041
Basel: (0)61

Beachten Sie, dass in der Schweiz auch bei Ortsgesprächen die Stadtvorwahl gewählt werden muss.

Weg vom Flughafen

Der EuroAirport liegt auf französischem Gebiet und ganz in Stadtnähe. Es fährt die Buslinie 50 zum Baseler Hauptbahnhof SSB.

Rheinfähren

Vier „Fähri" verbinden Klein- und Grossbasel. Natürlich kann man genauso gut den Rhein über die verschiedenen Brücken überqueren, aber am schönsten ist es mit den Fähren. Seit 1854 gehören sie zum Stadtbild und werden allein von der Rheinströmung angetrieben.

Stadtmagazin

Das monatlich erscheinende Magazin „Programmzeitschrift" informiert sehr gut über das Kulturangebot. Auf der Internetseite www.bewegunsmelder.ch bekommt man einen Überblick über Konzert-, Kunst- und Party-Veranstaltungen aller größeren Städte der Schweiz sowie Stadtteil-Infos.

Mobility Ticket

In Basel fährt man mit Tram und Bus, und das mit dem Mobility Ticket. Alle Hotelgäste in Basel-Stadt erhalten es beim Einchecken, es ist für die Dauer des Aufenthalts und in den Zonen 10, 11, 13 und 15 gültig und deckt damit das Stadtnetz ab. Wollen Sie mit dem Bus zum Flughafen fahren, haben einige Hotels eine Bestätigung mit dem Vermerk „Mobility Ticket" vorbereitet, mit der Sie dann zum EuroAirport fahren können, der in Frankreich liegt.

MEIN PERFEKTES WOCHENENDE

Freitag:

Samstag:

Sonntag:

NOTIZEN